야구선수 김원중

일러두기

김원중 선수와 김하진 기자가 주고 받은 말과 글의 자연스러운 맛을 살리기 위해 일부 비표준어 표현도 그대로 유지하였음을 밝힙니다. (예; 기라성, 무데뽀, 뺙, 초딩, 주구장창 등)

**야구
선수
김
원중**

Chapter 1.
야구선수 김원중은
어떻게
만들어졌는가

―――――――――――――――――― 006

Chapter 2.
광주 소년,
아들 부잣집 장남…
우리가 몰랐던
김원중 이야기

―――――――――――――――――― 042

Chapter 3.
김원중에겐
뭔가
특별한 것이 있다

―――――――――――――――――― 074

야구선수 김원중

Chapter 4.
김원중을
바라보는 사람들,
김원중과
함께하는 사람들

108

Chapter 5.
하나에 빠지면
미친다!
좋은 건
끝까지 간다

148

Chapter 6.
롯데 그리고 부산,
스무 살에서
지금까지

182

REC

RAW

Chapter 1.
야구선수 김원중은 어떻게 만들어졌는가

야구
선수
**김
원중**

이종범 같은 유격수를 꿈꿨던
광주의 야구 소년

    야구를 좋아하는 여느 소년들이 그렇듯이 김원중도 프로야구 경기를 직접 보러 가면서 꿈을 키웠던 소년 중 한 명이었다. 광주 출신 김원중의 영웅은 바로 '바람의 아들' 이종범이었다. 초등학교 2학년 때부터 이종범을 보러 광주 무등야구장을 찾았다. 그해는 일본프로야구(NPB) 주니치 드래곤즈에서 한국프로야구(KBO)로 돌아온 이종범이 KIA 타이거즈로 복귀한 첫 시즌이었다.

    이종범을 응원하던 '초딩'이었던 김원중도 같은 길을 걸어가기 시작했다. 김원중이 처음으로 야구를 시작했을 당시의 포지션 역시 이종범과 같은 유격수였다. 팀 사정상 포수도 겸하기는 했지만 김원중은 '바람의 아들'의 뒤를 따르고 싶었다.

    하지만 어린 나이에 불의의 부상이 찾아왔다. 동성중 재학 시절, 1학년 때 수비 훈련 도중 슬라이딩을 하다가 부상을 입었다. 타격 코치의 펑고를 받으러 슬라이딩하다 골반을 다쳤다. 이후에 오른쪽 골반에 통증이 왔는데 처음에는 대수롭지 않게 생각했다. 그런데 통증이 쉬이 사라지지 않고 계속 불편해 검진을 해보니 대퇴골두 골단 분리증이라는 판정이 나왔다.

    처음에는 광주에 있는 병원에 갔다가 "이제 더는 운동은 하지 못한다"라는 청천벽력 같은 소견을 들었다. 하지만 김원중의 아버지 김용빈 씨는 병원의 초진 소견을 그대로 받아들이지 않았다. 아들을, 아들의 야구를 포기하고 싶지 않았다. 의사에게 서울에서는 어떤 병원이 제일 좋은지 물었다. 그리고 두세 군데 추천을 받았는데, 아버지가 내린 결론은 이랬다. 한국에서, 서울에서 가장 좋은 병원이면 서울대학교 병원 아니겠냐고. 그리고 온 가족이 함께 서울로 향했다.

Chapter 1.
야구선수 김원중은
어떻게
만들어졌는가

서울대병원에는 소아정형외과가 있었다. 그런데 대학병원이다 보니 바로 예약을 잡기가 어려울뿐더러 빨리 진료를 받기가 어려웠다. 어린 김원중은 부상 부위의 통증으로 시름시름 앓고 있었다. 그래서 일단 예약 없이 갈 수 있는 응급실로 향했다. 응급실에서 어떤 증상이냐고 묻자 "탈구가 됐다"고 했다. 탈구는 응급실에서 바로 처치해줄 수 없는 일이었다. 그런데 그때 응급실을 지나가던 한 레지던트 의사가 김원중을 보고 "어떻게 왔어요?"라고 다시 물었다.

어린 학생의 상태가 심각한 것을 보고 "이건 더 자세히 봐야겠다"라고 진단을 하더니 "빨리 응급 수술을 해야 한다. 담당 교수님께 말씀드리겠다"라고 했다. 추가 진단을 해보니 더 심각했다. 상황이 더 좋지 않았던 것은 부상 부위에 괴사가 오기 시작했다는 점이었다.

수술이 불가피했다. 하지만 다행인 것은, 수술을 받더라도 다시 야구를 할 수 있다는 판정이 나왔다는 것이었다. 김원중의 야구 인생 기로가 이 판정에 좌우됐다. 김원중은 당시 상황을 설명하면서 "운이 좋았다. 집도해주신 의사 선생님이 야구를 떠나 어린 생명 하나를 살려주신 것이나 다름없다"라고 말했다.

수술은 만만치 않았다. 골반에 철심을 박는 수술이었다. 2006년 오른쪽 대퇴골두와 골반뼈에 철심을 박았고 다음해 왼쪽 다리에 같은 증세가 우려되어 같은 수술을 또 받았다. 그럴 때마다 김원중의 어머니 배미화 씨가 병수발을 들었다. 돌이켜보면 그때 김원중은 아프기도 많이 아팠지만 어리기도 많이 어렸다. "사춘기를 병원에서 다 보냈던 것 같다"라고 회상했다.

부상에 따른 수술과 치료를 모두 마친 뒤 야구장에 돌아왔다. 많은 것이 바뀌었다. 포지션도 투수로 바뀌었다. 이때부터 김원중은 2루와 3루 사이가 아닌, 마운드를 밟고 서기 시작했다. 그는 2년 뒤인 2008년 다시 한 번 수술대에 올랐다. 이번에는 철심을 제거하기 위한 수술이었

야구
선수
**김
원중**

다. 한창 운동장을 뛰어야 할 때에 병실에만 갇혀 지내는 것은 쉽지 않은 일이었다.

고교 졸업 후 1라운드 전체 5순위로 롯데 자이언츠의 유니폼을 입다

김원중은 아마추어 시절부터 마무리투수를 꿈꿨다. 뒤에서 던질 때 더 잘 던졌던 기억이 있었다. 고등학교 시절에는 보통의 아마추어 선수들이 그랬듯이 한번 잘 던지기 시작하면 끝까지 경기를 다 책임지는 경우가 많았다. 상황이 그렇다 보니 과거 고졸 투수를 신인선수로 선발했을 때 프로에 오자마자 탈이 생겨 수술을 받는 사례가 심심치 않게 나왔다.

김원중은 고3 시절 큰 부상은 없었지만 보직에 대한 고민은 늘 있었다. 스스로 선발투수라는 자리의 매력은 크게 느끼지 못했다. 그는 "고등학교 때는 늘 끝까지 던져야 했고, 그렇게 경기를 마무리해야 했던 시기였기에 언제나 경기의 마지막 승부를 책임지는 마무리투수 역할이 가장 멋있어 보였다"라며 고교 시절을 돌아봤다.

그리고 프로야구 신인 드래프트 날짜가 다가왔다. 2011년 8월 25일 서울 잠실의 롯데 호텔 4층 크리스탈 볼룸에서 드래프트 행사가 개최되었다. 그때는 워낙 쟁쟁한 선수들이 많았다. 김원중은 "친구 한현희(롯데), 임기영(KIA), 이민호(전 삼성), 하주석(한화), 박민우(NC) 등 그런 좋은 선수들처럼 내가 이름을 많이 날리지는 못했던 것 같다. 고등학교 2학년 때 조금 가능성을 보여주고 3학년 때는 잠재력만 보여줬다고 생각했다"라고 말했다.

실제로 해당 신인 드래프트를 중계했던 방송사에서는 자체적으로 지명 예상을 내놓았는데 1라운드에서 김원중의 이름은 없었다. 다른 친

Chapter 1.
야구선수 김원중은
어떻게
만들어졌는가

구들은 소속 학교의 유니폼을 입고 있거나 정장을 입고 행사장에 왔는데 김원중은 홀로 연두색 계열의 사복을 입고 앉아 있었다.

1라운드 지명이 시작됐다. 1라운드 1순위 순번이었던 한화는 신일고 하주석의 이름을 가장 먼저 외쳤다. 2순위였던 넥센은 한현희를 지명했다. 이어 LG는 포수 조윤준, KIA는 투수 박지훈을 선택했다. 그리고 이제 롯데의 차례였다. 롯데는 김원중의 이름 석 자를 불렀다.

1라운드, 그리고 전체 5순위 선발은 김원중 자신도 생각하지 못했던 상황이었다. 그래서 적지 않게 당황한 표정을 지었다. 이때 해당 신인 드래프트 중계 방송을 실시간으로 지켜보던 롯데 팬들이 "저 선수는 롯

데에 오기 싫었나 보다"라고 오해를 할 정도였다. 하지만 그게 아니었다. 김원중은 "지명을 받고 카메라 플래시가 여기저기서 터지니 얼떨떨하고 정신이 없었다"고 당시 상황을 떠올렸다.

　이후 기억은 입단 후 스프링캠프에 합류했던 날로 넘어간다. 스프링캠프 훈련장에 가서 '기라성' 같은 선배들이 피칭하는 모습을 봤다. 당시를 떠올린 김원중은 '마치 기계가 던지는 것 같았다'고 표현했다. '기계를 이기려면, 사람인 나는 더 잘해야겠다'라는 의욕이 샘솟았다.

　하지만 김원중이 1군 무대에 오르는 데까지는 적지 않은 시간이 필요했다. 구단에서는 그를 선발로 기용할 생각을 가지고 있었다. 2012 시즌을 앞두고 사이판에서 열린 스프링캠프에 참가했지만 팔꿈치 통증이 재발해 중도 귀국하고 말았다. 시즌이 시작한 후에는 어깨 부상이 찾아왔다. 그해는 계속 퓨처스리그에만 머물렀다. 1군에 올라오기 전까지 꽤 오랜 시간이 걸렸다. 입단 연도는 2012년이지만 1군에는 3년이 지난 2015년이 되어서야 올라왔다.

2보 전진을 위한 1보 후퇴
병역의무 마치고 1군 무대 진입

　이 기간 김원중은 군대 문제도 먼저 빠르게 해결했다. 군대에 입대한 후, 정신을 차렸다. 보통 남들이 말하는 '군대를 다녀오면 정신을 차린다'는 말이 아니었다. 본인 스스로 '정신을 차렸다'고 표현했다. 김원중은 "수술 뒤에도 계속 좀 뒤뚱거리고 내가 내 몸을 잘 가누지 못하는 느낌이었는데 구속은 그래도 150km/h가 나왔다. 마음만 먹으면 스피드가 나오니 몸 관리에 대해서는 특별히 따로 신경을 쓰지 않았던 것 같다"라고 돌이켜봤다.

　고등학교에서는 경기를 많이 하지 않는다. 일주일에 2경기 정도 하

Chapter 1.
야구선수 김원중은
어떻게
만들어졌는가

니 관리를 중요하게 생각하기보다는 당장 마운드에 올라갔을 때 실전에서 최대한 더 많이 던져야 했다. 그런데 프로 무대는 달랐다. 프로에서는 일주일에 6일이나 경기를 한다. 1군, 2군 관계없이 거의 매일 경기가 있다. 그러다 보니 몸이 버티지 못했다.

군대에 입대하면서 모든 것을 제로베이스에서 새로 시작하자고 마음먹었다. 누가 몸 관리법에 대해 따로 가르쳐주거나 조언을 해준 것은 아니었다. 직접 하나씩 하나씩 '맨 땅에 헤딩'을 했다. 전국에서 내로라하는 재활 센터, 그리고 재활 전문가들을 다 찾아봤다. 김원중이 스스로 생각해도 '무데뽀'였다. 여기저기 다 연락을 돌렸다. "야구선수인데 몸을 좀 이렇게 만들어보고 싶다"라고 했다.

그렇게 하다가 드디어 조건에 맞는 센터를 하나 찾았는데 집에서 30~40분을 가야 하는 거리였다. 사실상 수입이 없는 군인이 매번 택시를 탈 수도 없는 노릇이었다. 상근예비역 근무를 마치고 퇴근할 때면 어머니가 저녁식사 도시락을 싸서 기다렸고 운동을 한 뒤 다시 어머니가 집에 데려다주는 과정이 계속됐다. 당시 상근예비역 기동대장도 김원중이 운동선수인 것을 알고 있었기에 최대한 이해해주려고 했다.

이런 노력 끝에 김원중은 군 생활을 하면서 꾸준히 몸을 잘 만들고 관리하는 법을 배울 수 있었다. 이후 병역을 마치고 팀에 복귀했고, 곧 1군의 부름을 받게 됐다. 데뷔 첫해에는 중간 계투로만 마운드에 올랐다. 첫 경기는 8월 8일 대전 한화전이었다. 4-6으로 뒤져 있던 8회말 정대현에 이어 마운드에 올랐다. 하지만 아웃카운트는 하나도 잡지 못했다. 세 타자를 상대해 1안타 2볼넷을 내준 뒤 마운드에서 내려갔다.

이후 6일이 지난 뒤 14일 KT전에서 다시 부름을 받았다. 이날은 완전히 달라졌다. 1이닝 동안 3명의 타자에게 모두 삼진 아웃을 잡아내며 퍼펙트 피칭을 했다. 다음 경기인 8월 17일 넥센전에서는 처음으로 멀티 이닝도 소화했다. 2이닝 동안 피안타 없이 볼넷 하나만 내주고 무실

야구
선수
**김
원중**

14

점을 기록했다. 삼진은 2개를 솎아냈다.

이렇게 김원중은 점차 자신의 자리를 잡아 나갔다. 그해 김원중의 성적은 15경기 20.1이닝 15실점(13자책) 평균자책점 5.75였다. 돋보이는 퍼포먼스까지는 아니었지만 나름의 가능성을 보여준 시즌이었다.

하지만 부상 이력 때문에 팀이 그를 기용하는 데 있어서 한계가 있었다. 불펜 투수는 매일매일 상황이 올 때에 맞춰서 몸을 만들어 놓아야 한다. 하지만 팀은 그에게 충분한 휴식 시간을 주면서 불펜 투수로 활용하는 것이 여의치 않았다.

구단의 선택과 집중, 선수의 가능성과 잠재력

선택과 집중이 필요했다. 그래서 롯데는 김원중을 선발투수로 낙점했다. 알다시피 선발투수는 5일 안팎의 휴식 시간을 보장할 수 있다. 그래서 2016년에는 선발로 등판했다. 야심 차게 시작한 한 해였다. 김원중은 등번호도 기존의 69번에서 34번으로 바꿨다. 그가 재활하던 모습을 옆에서 계속 지켜봤던 이용훈 코치가 자신의 현역 시절 등번호를 물려준 것이었다.

시즌은 2군에서 시작했다. 4월 5일 삼성과의 퓨처스리그 개막전에서 5이닝 무실점으로 호투했다. 그리고 1군 콜업의 기회가 왔다. 1군 선발진 중 한 명인 고원준이 담 증세로 1군 엔트리에서 제외됐고 10일간의 휴식이 필요했다. 이 자리를 메우기 위해 김원중이 부름을 받았다.

하지만 아직은 준비가 덜 된 것이었을까? 4월 12일 LG전에서 김원중은 3이닝 2안타 6볼넷 3삼진 3실점을 기록한 뒤 다음날 1군 엔트리에서 말소됐다.

거의 한 달이 흐른 뒤 다시 한 번 김원중에게 기회가 왔다. 5월 20일

야구
선수
**김
원중**

16

두산전에서 선발 등판했으나 3이닝 5안타 2홈런 2볼넷 1삼진 5실점으로 이번에도 5이닝을 채우지 못했다. 그리고 다음 기회가 주어지기까지는 더 많은 시간이 필요했다. 10월이 되어서야 또 기회가 왔다.

이때는 선발이 아닌 구원으로 등판했다. 1.2이닝 동안 다섯 타자를 상대로 안타, 볼넷 없이 1개의 삼진을 잡으며 퍼펙트 피칭을 선보여 그해 1군에서의 마지막 등판을 잘 마무리했다. 2016시즌 등판한 1군에서의 경기는 단 3경기. 옆구리 부상과 팔꿈치 통증도 그를 지속적으로 괴롭혔다. 하지만 그 한 시즌의 경험은 분명 김원중을 성장하게 했고 다음 시즌을 기대하게 했다.

2017년 시즌을 준비하며 일본 오키나와에서 열린 스프링캠프에서는 구단 선정 최우수선수로 뽑힐 만큼 컨디션이 좋았다. 시범경기에서도 2경기 동안 8이닝 4실점(2자책)을 기록하며 1승도 챙겼다. 선발진 진입에도 성공했다.

그리고 정규시즌 첫 경기에서부터 선발승을 따냈다. 이 1승은 김원중 개인적으로도, 롯데로서도 중요한 승리였다. 이날 경기 전까지 롯데는 NC를 상대로 무려 15연패의 수렁에 빠져 있었다.

롯데는 NC와 흔히 '낙동강 라이벌'이라고 불리는 팀이다. NC가 제9구단으로 KBO 리그에 합류할 때 이를 반대하는 의사를 밝힌 팀이 롯데였고 이런 이야기들을 바탕으로 두 팀은 라이벌 구도를 형성하게 됐다.

2013년에는 8승 2무 6패로 형님으로서의 자존심을 세운 롯데는 2014시즌에는 7승 9패로 열세에 놓였다. 당시 최하진 전 사장이 풍수지리를 앞세워 마산구장 원정 더그아웃에 음기가 강하다는 결론을 내려 대형 선풍기를 구비해 비치하는 일도 있었다. 하지만 이런 노력에도 불구하고 2015년에는 5승 11패로 자존심을 구겼다. 급기야 2016년에는 단 한 차례만 승리하고 이후 15연패에 빠졌다.

지긋지긋한 NC전 연패의 사슬을 끊은 선수가 김원중이었다. 김원중

Chapter 1.
야구선수 김원중은
어떻게
만들어졌는가

은 4월 1일 창원 마산구장에서 열린 NC와의 경기에서 선발 등판해 5이닝 4안타 1볼넷 5삼진 무실점으로 팀의 3-0 승리를 이끌었다. 이날 경기를 마치고 김원중은 "나에 대한 믿음이 생겼다"라고 했다. 아마추어 시절부터 자신을 괴롭힌 부상에서 벗어난 뒤 건강한 몸을 만들게 되자 자신감이 생긴 것이다.

그는 "이제 몸이 아프지 않다"라고 덧붙였다. 그해 롯데에 합류한 김원형 투수코치의 조언도 도움이 됐다. 김원형 코치의 조언을 받아 투구 메커니즘에 변화를 줬고 투구도 개선할 수 있었다. 여러모로 롯데로서는 소득을 얻은 경기였다.

다음 경기에서 김원중은 커리어 첫 퀄리티스타트를 달성했다. 4월 7일 LG전에서 6이닝 5안타 1볼넷 3삼진 1실점을 기록했다. 승리를 거두지는 못했지만 이닝이터로서의 면모도 보여줬다. 4월 19일 NC전을 마치고 한 차례 2군으로 내려갔던 김원중은 4월 30일 복귀전인 두산전에서 6이닝 무실점을 기록했다. 처음으로 무사사구 피칭을 하며 삼진을 5개나 잡아낸 점이 무척 고무적이었다.

이후에도 김원중은 한 시즌을 온전히 소화하기 위한 여정을 이어 나갔다. 5월 16일 KT전에서는 5.1이닝 무실점으로 호투했고, 처음으로 사직구장 승리를 올렸다. 그렇게 순항하던 김원중은 6월 17일 1군 엔트리에서 제외됐다. 2군에서 재정비하는 시간을 가졌다.

7월에 다시 1군의 부름을 받은 김원중은 이후에는 체력 안배 차원으로 한 차례 1군에서 제외됐을 뿐 선발로서 풀타임을 이어 나갔다. 8월 중순부터는 선발 로테이션 루틴이 몸에 배었고 8월 15일 두산전부터 9월 1일 NC전까지 4경기 연속 퀄리티스타트를 달성했다. NC전에서는 7이닝 1실점으로 퀄리티스타트플러스까지 작성했다. 당시 김원중은 "루틴을 지키고 마운드에 올라가는 과정을 연이어 반복하게 되니 확실히 내 공을 던질 수 있었다"라고 했다.

야구
선수
**김
원중**

그해 롯데는 후반기 상승세를 이어가며 정규시즌 3위로 준플레이오프 진출에 성공했다. 포스트시즌에서 김원중의 역할은 선발이 아닌 롱릴리프였다. 정규시즌 동안 NC에 강했던 면모를 보였던 김원중이 선발로 나서는 것이 맞지 않겠냐는 시선이 있었지만 중간에서 긴 이닝을 소화하는 역할로 돌렸다.

1, 2차전에서는 등판 기회가 오지 않았고 3차전에서 데뷔 후 처음으로 포스트시즌 등판을 치렀다. 선발투수 송승준이 3이닝 5실점으로 부진하며 예상보다 빨리 무너졌고 4회에 마운드에 오른 김원중 역시 1.2이닝 5실점으로 부진했다. 특히 홈런 한 방이 아쉬움을 남겼다. 그리고 5차전에서는 9회에 등판해 0.1이닝 무실점을 기록했지만 이미 시리즈의 승기는 넘어간 뒤였다. 그리고 김원중의 2017시즌도 끝났다.

처음으로 겪어본 가을야구는 정말 재미있었다. 김원중은 "나는 사람들이 야구장에 많이 있는 걸 좋아했다. 어릴 때부터 아드레날린이 나와야 야구가 더 잘 되고 그랬다. 그래서 프로에 와서도 항상 만원 관중을 좋아했다"라고 말했다.

가을야구까지 조금 더 긴 시즌을 소화한 김원중은 그해 7승 8패 평균자책 5.70의 성적으로 마감했다. 가능성과 잠재력을 보여준 시즌이었고 팬들에게 존재감을 심어준 경기도 많았다.

2017년 7승, 2018년 8승
시즌 종료 후엔 억대 연봉까지

선발로 한 번 눈을 뜬 김원중은 2018년에는 더 만개했다. 기복은 좀 있었지만 사실상 선발투수로서의 커리어하이 기록을 달성했다. 30경기에서 8승 7패 평균자책 6.94를 기록했다. 평균자책은 직전 시즌보다는 다소 높아졌지만 승수 면에서는 가장 높은 수치를 달성했다.

Chapter 1.
야구선수 김원중은
어떻게
만들어졌는가

시즌 초반은 좀처럼 승리를 올리지 못했다. 첫 경기였던 3월 28일 두산전에서는 5이닝 2안타 1홈런 4볼넷 1사구 5삼진 3실점으로 무난한 투구 내용을 보였지만 승리로 이어지기에는 부족했다. 4월 3일 한화전에서는 2이닝 7실점으로 부진해 5이닝을 채우지 못했다. 이후 다음 선발 등판인 4월 10일 넥센전에서는 5이닝 2실점으로 제 몫을 해냈다. 그러다 4월 18일 넥센전에서는 3.1이닝 5실점을 기록했다.

한 마디로 한 경기에서 잘하면 다음 경기에선 부진하는 '퐁당퐁당' 피칭이 이어졌다. 매 경기 홈런을 내준 것도 아쉬움을 남긴 대목 중 하나였다. 이때 함께 선발진을 지키는 러닝메이트도 생겼다. 2017년 1차 지명으로 롯데 유니폼을 입은 윤성빈이 등판 3경기 만에 선발승을 올린 것이다. 당시 김원중은 "어린 성빈이도 저렇게 잘 던지는데 나도 더 잘해야겠다는 생각이 든다. 서로 좋은 결과를 가져오면 시너지 효과가 날 것"이라고 말하기도 했다.

그러다 김원중이 2018시즌 첫 승리를 올리게 됐는데, 또다시 롯데에게 매우 귀중한 승수였다. 롯데는 개막 후 역전승을 좀 거두기는 했어도 좀처럼 선발승을 올리지 못하고 있던 상황이었다. 그런 흐름에서 김원중이 4월 24일 KT전에 선발 등판해 6이닝 5안타 3볼넷 10삼진 5실점으로 팀의 14-8 승리를 이끌고 시즌 첫 승리를 거뒀다. 롯데로서는 4월 7일 사직 LG전에서 윤성빈이 승리를 거둔 후 12경기 만에 나온 선발승이었다. 당시 선발진이 전체적으로 부진하며 최하위로 처졌던 롯데였기에 오랜만에 나온 선발승은 더욱 소중했다.

5월 들어서는 안정감을 찾기 시작했다. 5월 5일 SK전에서 시즌 두 번째 퀄리티스타트를 달성하더니 다음 경기인 5월 13일 KT전에서도 5.2이닝 1실점, 19일 두산전에서도 6이닝 2실점을 기록하는 등 계속해서 호투를 보이며 안정감을 찾아갔다.

당시 김원중은 원정 경기 룸메이트였던 외야수 민병헌의 조언을 자

야구
선수
**김
원중**

20

양분으로 삼았다. 공격적으로 볼카운트를 빨리 잡으면 투수로서 유리한 고지를 점할 수 있다는 것을 몸소 느낀 것이다. 자신의 경기 영상만 보면서 고민을 했던 김원중은 타자의 입장으로서 자신을 바라보고 싶었다. 그래서 민병헌에게 도움을 청했다.

주로 중견수로 외야에서 김원중의 투구를 지켜봤던 민병헌은 초구 스트라이크의 중요성을 강조하며 "볼카운트를 더 유리하게 가져가야 한다"라고 얘기했다. 누군가는 흘려들을 수도 있는 단순한 조언일 수 있지만, 얘기를 곱씹으며 타자의 시선, 입장으로 생각을 전환한 김원중은 한 단계 더 성장했다. 다른 이들의 조언을 듣는 데 있어 주저하지 않은 덕분이었다.

6월 들어서는 승리로 이어지지는 못했지만 팀의 무승부에 발판이 되는 좋은 피칭이 나오기도 했다. 6월 24일 LG와의 경기에서 그는 6.1이닝 2실점(1자책)을 기록했고 양 팀은 2-2로 승부를 가리지 못했다. 타선이 터져야 할 때 터지지 못해 승리를 거두지는 못했지만 김원중이 호투하며 투수전의 발판을 놓은 것이 패배를 막은 소득이었다.

그해 자카르타·팔렘방 아시안게임이 열려 리그가 잠시 멈췄다. 그리고 9월부터 본격적으로 시즌이 재개됐는데 롯데는 뒷심을 발휘해 가을야구 막차를 위한 순위 싸움에 돌입했다. 김원중은 9월 이후부터는 선발 등판한 7경기에서 3승을 챙기면서 힘을 보탰다. 5이닝 미만으로 무너진 경기도 단 한 차례밖에 없었다.

하지만 롯데는 가을야구 진출이 좌절됐다. 포스트시즌 진출 실패가 결정된 경기에서도 김원중은 마운드에 있었다. 10월 12일 KIA전에서 5이닝 3실점(2자책)으로 선발투수로서의 역할을 나름대로 잘 감당했지만 팀이 4-6으로 패하면서 실낱 같은 가능성도 사라졌다.

그러나 김원중으로서는 선발투수로서 두 번째 풀타임 시즌을 소화하며 가능성을 다시 한번 점검한 해였다. 다만 평균자책은 직전 시즌의

5.70보다 1점 이상 높아졌고 이닝당 출루 허용율(WHIP)도 1.72로 낮지 않았다. 145.1이닝을 소화했는데 이닝수의 절반 가까운 볼넷(77개)을 허용한 점이 아쉬움을 남겼다.

그럼에도 롯데 구단으로서는 모처럼 1차 지명을 한 선수가 전력에 힘을 보탠 사례를 내놓을 수 있게 됐다. 2018시즌을 마치고 김원중은 직전 시즌 대비 58.7% 인상된 1억 원에 계약하며 억대 연봉을 받는 선수가 됐다.

마인드 컨트롤, 멘털 관리 더 나은 변화를 위한 준비

시즌 후 롯데는 감독이 바뀌었다. 2015년부터 지휘봉을 잡았던 조원우 감독에서 양상문 감독으로 사령탑에 변화가 생겼다. 감독은 바뀌었지만 김원중은 여전히 선발진에 자리잡고 있었다. 새 시즌을 앞두고 김원중은 감정 표출을 자제하겠다고 다짐했다. 당시 그는 "경기가 풀려야 하는 시점에서 막히면 딜레마에 빠지고, 그 과정이 반복됐던 것 같다"고 돌이켜봤다.

실제로 경기 중 김원중은 자신의 감정을 잘 감추지 못하는 모습을 보여왔다. 감정의 기복을 고스란히 보여줬던 면이 다름 아닌 낯빛이었는데, 게임이 생각대로 잘 풀리지 않았을 때에는 얼굴이 붉게 상기되곤 했다. 이런 모습이 자신의 약점이라는 것을 스스로 잘 알고 있었던 김원중은 "초심을 찾아서 포커페이스를 유지해야 한다"고 다짐했다. 수월한 감정 컨트롤을 위해 선발투수로서 체력이 기본 바탕이 되어야 한다는 점도 다시 한번 깨달았다.

스프링캠프에서 새로 부임한 양상문 감독의 특별 주문도 있었다. 숙소에서 눈을 감고 감정을 추스르는 '명상'을 하라고 주문한 것이다. 양

야구
선수
**김
원중**

22

　성문 감독은 캠프에서 김원중과 눈이 마주칠 때마다 명상을 잘 하고 있는지 물어보곤 했다.
　많은 책임감을 갖고 시작한 새 시즌이었다. 롯데 선발진 중 지난 시즌 풀타임을 소화한 투수가 김원중 한 명 밖에 없었기 때문에 어깨는 더욱 무거웠다. 박세웅도 시즌 후 팔꿈치 뼛조각 수술을 받으면서 전력에서 이탈한 상태였다. 그래서 외국인 투수 브룩스 레일리에 이어 2선발, 국내 1선발이라는 중책까지 맡게 됐다.
　시범경기에서는 구원 등판으로 몸을 풀며 4이닝 4실점으로 예열을 마쳤다. 그리고 개막을 맞이했다. 시즌이 시작된 후에는 사실상 에이스였다. 개막 후 5경기에서 2승 1패 평균자책 2.05를 기록했다. 이 기간 평균자책 부문에서 리그 4위에 올랐을 정도의 훌륭한 페이스였다. 경기당 평균 6이닝씩을 소화하면서 이닝이터로서 마운드를 책임졌다.
　"절대 마운드에서 일찍 내려오지 않는다"라는 목표로 시즌을 시작한 김원중은 '멘탈'을 달라진 이유 중 하나로 꼽았다. 머릿속을 비우자 공에 힘이 실렸다. 그는 "아무 생각하지 않고 던지는 연습을 했다"고 말했다. 구체적인 목표를 잡기보다는 '다치지 말고 마운드에 오래 있자'는 등의 단순화한 목표를 세웠다.
　하지만 이후 시즌을 치르면서 페이스가 떨어졌다. 5월 5경기에서 2승 2패 평균자책 6.26을 기록했고 6월 초에는 구단에서 휴식을 부여해 한 차례 1군 엔트리에서 말소되기도 했다. 그러나 휴식이 반등의 계기를 만들어주지는 못했다. 6월 4경기에서 퀄리티스타트를 한 번도 기록하지 못하는 등 어려움을 겪었다. 그리고 1군 전력에서 제외됐다. 퓨처스리그로 내려가서도 선발 로테이션을 계속 소화했다.
　퓨처스리그에서 김원중에게 주어진 첫 번째 과제는 바로 '산책'이었다. 2군 구장이 있는 김해 상동구장 뒤에 장척계곡이라는 곳이 있다. 함께 2군에 있었던 동료 구승민과 함께 이 때 함께 산책을 많이 했다. 그

야구
선수
**김
원중**

24

렇게 산책을 마치고 오면 훈련 시간은 끝나 있었다. 김원중은 "돌이켜 보면 양상문 감독님이 '정신 차리라'는 뜻으로 그렇게 한 게 아닌가 싶다. 마음을 정리하라고 하셔서 산책을 통해 정리했다"고 회상했다.

그러고 나서 1군 복귀를 준비하는데 팔꿈치에 통증이 있는 것 같았다. 진단 결과 부상이 있는 건 아니었지만 다시 몸 상태를 끌어올리는 데 적지 않은 시간이 필요했다. 김원중이 자리를 비운 사이 롯데에도 변화가 있었다. 롯데는 최하위로 전반기를 마감했고 양상문 감독과 이윤원 단장이 동반 사퇴하는 사태가 빚어졌다. 남은 시즌은 공필성 감독대행이 맡기로 했다.

그리고 김원중은 8월이 되어서야 다시 1군의 부름을 받았는데 그때는 보직이 선발이 아닌 구원 투수로 바뀌었다. 8월 4경기에서는 안정감을 찾는 데 적지 않은 시간이 걸렸다. 복귀하자마자 등판했던 8월 13일 KT전에서는 3이닝 무실점으로 구원승을 따냈다. 그러나 다음 경기인 8월 18일 두산전에서는 2.1이닝 6안타 5볼넷 1사구 1삼진 8실점(4자책)으로 무너졌다. 이후 두 경기에서는 선발로 등판했으나 2패를 떠안으며 출전한 3경기에서 내리 3패를 당했다.

생각해보면 팀이 하위권에 있다 보니 개인적으로도 적지 않은 영향을 받은 듯했다. 그러나 9월이 되어서는 완전히 다른 모습으로 바뀌었다. 9월 이후 9경기에서 9.1이닝 1실점(비자책)으로 완벽한 투구를 했다. 경기 후반부 1이닝 동안 무실점 피칭을 하면서 마무리투수 기용 가능성도 모락모락 피어나기 시작했다. 그해 마무리투수 손승락이 9세이브를 올리는 데 그쳤기 때문이다.

훗날 시간이 지나 돌아보면 이 기간은 김원중에게 마무리투수가 되기 위한 예비 수업이었다. 김원중은 "4점 차에는 무조건 내가 나갔다. 아니면 지고 있는 경기에서 9회에 나갔다. 그때 투구 폼도 많이 바꾸고 여러 가지 변화를 줬다"라고 말했다.

Chapter 1.
야구선수 김원중은
어떻게
만들어졌는가

변화가 필요했던 이유를 묻자 "정체기였다"라고 답했다. 김원중은 "3년 동안 풀타임 기회를 받으면서 계속 선발투수로 경기를 뛰었는데도 내가 뚜렷한 성과를 내지 못하고 뒤처지고 있다고 봤기 때문에 스스로 변화가 필요하다고 생각했다"라고 첨언했다.

김원중은 '나만의 경쟁력이 뭐가 있을까'라고 계속 고민했다. 그는 "세트 포지션을 조금씩 다듬어가면서 나만의 노하우를 만들어나갔다"라고 했다. 마음가짐에도 변화를 줬다. 김원중은 "결국 나는 야구를 계속해야 했다. 마음 정리도 조금씩 조금씩 계속했다. 선발 보직을 내려놓는 마음 정리를 하게 된 것도 도움이 됐다"라고 말했다.

승부를 위해 철저히 나를 감춘다
그렇게 풀타임 클로저가 되어간다

2020시즌을 앞두고 또 감독이 바뀌었다. 허문회 감독이 지휘봉을 잡았고 김원중은 호주에서 열린 스프링캠프에서부터 마무리투수로서의 보직 전환 준비를 했다. 후일담이지만 김원중은 "그때 왠지 뭔가 야구가 잘될 것 같았다. 그때는 보직 전환 없이 그대로 선발투수를 했어도 잘 됐을 것"이라고 했다. 1군에서 경험을 쌓으면서 몸 관리에 대한 노하우도 확실히 쌓였고 컨디션도 워낙 좋았던 상태였다.

김원중에게 2020시즌은 또 다른 도전이었다. 마무리 보직 변경을 할 수 있었던 건 김원중이 불펜 경험을 갖고 있었기 때문이다. 우연찮게도 김원중이 아마추어 시절에 가장 바랐던 보직이 이제야 주어졌다. 프로 입단 후 긴 시간을 돌고 돌아 그 역할을 맡게 됐다. 김원중이 바라는 마무리투수로서의 모습은 '한 가운데 던져서 상대 타자의 헛스윙을 유도하는 것'이라고 했다. 이즈음 보직이 바뀌기 시작하면서 김원중의 머리카락도 길어지기 시작했다.

야구
선수
**김
원중**

 어찌 보면 마무리 보직은 김원중에게 말 그대로 적성에 맞는 역할이었다. 김원중이 직전 시즌 가장 많이 노력했던 것들 중의 하나였던 생각 비우기는 짧은 이닝을 소화하면서 더욱 쉬이 가능해졌다. 1이닝 동안 보통 많아야 5명의 타자를 상대하기 때문에 가장 자신 있는 공만 던지면 된다. 김원중도 "못 던지면 마무리 자리를 내려놓고 주어지는 다른 역할을 맡으면 된다"라고 생각했다.
 대중에게 그리고 자신에게도 약점 중 하나로 여겨졌던 감정 표출에 대해서도 이제 어느 정도 조절이 되는 단계에 올랐다. 김원중은 "타자와의 승부에서 이기려면 마운드 위에서 나를 감춰야 한다"라는 진리를 알게 됐다.
 마무리 김원중이 첫 선을 보이기까지는 시간이 좀 걸렸다. 코로나19가 창궐하면서 시범경기 없이 바로 페넌트레이스 개막을 맞이하기로 했다. 개막전은 5월 5일로 정해졌다. 이례적인 5월, 늦은 개막이었다.
 김원중은 개막 후 7경기 만인 5월 22일 키움전에서 데뷔 첫 세이브를 올렸다. 이날 경기를 포함해 시즌 초반 등판한 8경기에서 8.1이닝 1실점 평균자책 1.08을 기록하며 승승장구했다.
 2020시즌은 타고투저의 양상을 보이면서 투수들이 전반적으로 힘들었던 해였다. 마무리투수들 역시 기세가 좋아진 타자들의 방망이를 쉽게 잠재우지 못했다. 그런 가운데 김원중은 마무리투수로서 자신의 기록을 차곡차곡 쌓아 나갔다. 6월까지 큰 흔들림 없이 많은 것들이 순조롭게 이어졌다. 가장 좋아진 건 무엇보다 볼넷이 줄어들었다는 점이었다.
 다만 등판 간격이 조금 길었다. 6월에는 일주일, 그 이상인 열흘 만에 마운드에 오르는 일도 있었다. 마무리 보직 첫 해이기 때문에 허문회 감독은 확실한 세이브 상황이 아니면 마운드에 올리지 않으려 했다. 허문회 감독은 "나는 개인적으로는 웬만한 상황에서는 안 던지게 하고 싶

Chapter 1.
야구선수 김원중은
어떻게
만들어졌는가

다"라고 말하기도 했다.

김원중은 6월까지 18경기에서 19.1이닝 평균자책 0.93으로 이른바 '철벽 마무리'로 활약했다. 이렇게 좋은 구위를 자랑했기에 김원중의 등판 간격이 길어지는 것에 대해 여기저기서 아쉬운 목소리가 나올 정도였다.

그때를 돌이켜본 김원중은 "마무리투수들은 세이브 상황이 아닐 때 나가는 걸 별로 안 좋아한다. 아무래도 집중이 덜 되는 것 같다. 나뿐만 아니라 다른 마무리투수들도 그렇다고들 한다. 연차가 더 길어지면 좀 더 그렇게 된다는 말도 있다"라고 얘기했다.

김원중은 "감독님은 그런 부분을 잘 알고 있었던 것 같다. 당시 노병오 코치님과 허문회 감독님이 제가 두려움 없이 등판하는 법을 만들어 주셨던 것 같다"고 생각했다.

팀은 하위권으로 처졌지만 김원중은 세이브 개수를 쌓아나가면서 마무리투수로서 확실히 자리를 잡아 나갔다. 그리고 7월 중순 두 자릿수 세이브까지 쌓았다. 7월 19일 삼성전에서 2-1로 앞선 8회말 2사 후 마운드에 올라 1.1이닝 1안타 1볼넷 3삼진 무실점을 기록하며 10번째 세이브를 기록했다. 커리어에서 처음으로 등정한 10세이브 고지였다. 이후에도 등판 기용이 잦지는 않았으나 8월 29일 한화전에서 시즌 15번째 세이브를 올렸다.

김원중이 마운드에 오를 때마다 특징이 있었는데 불펜에서 마운드까지 뛰어나온다는 것이다. 마시던 물병을 던지면서 한 시라도 빨리 마운드에 올라 연습 투구를 한다. 기르기 시작한 머리카락이 어깨에서 찰랑거린다. 김원중은 "나가서 연습 투구할 시간이 부족하기 때문"이라고 담담하게 설명했다.

9월에는 시즌 후반부에 접어들며 피로가 누적되었는지 잠깐 주춤하면서 11경기에서 4세이브를 올리는 데 그쳤다. 하지만 잠시 쉬어간 김

야구
선수
**김
원중**

28

원중은 10월에는 더 강력한 모습으로 돌아왔다. 드디어 20세이브를 올리는 데 성공했다. 10월의 첫 번째 날인 1일 잠실구장에서 열린 LG와의 경기에서 3-2로 앞선 8회 2사 1·3루에서부터 등판해 9회까지 한 점차 승부를 지켰다.

김원중은 자신의 20세이브 달성이라는 목표보다는 과거 노경은의 선발승을 날린 기억이 있어 그걸 만회하며 승리를 지켜주고 싶은 마음이 컸다. 이날 노경은은 6이닝 1실점을 기록했다. 김원중은 노경은의 승리를 잘 지켜냈다.

이후 5세이브를 추가하며 마무리 첫해에 25세이브 고지까지 오르게 된다. 58경기 출전에 5승 4패 25세이브 평균자책 3.94로 마무리 전향 첫 시즌에 나름대로 성공적인 성적을 냈다. 평균자책점이 다소 높은 편이기는 했어도 풀타임 클로저 전환 첫 시즌인 것을 감안하면 거의 모든 것이 완벽에 가까운 해였다. 시즌을 마치고는 그동안 길렀던 머리카락을 잘라 소아암 어린이들을 위해 기부하는 사회공헌활동도 펼쳤다.

Chapter 1.
야구선수 김원중은
어떻게
만들어졌는가

팀의 부진과 잦은 감독 교체에도
마무리 자리를 굳건히 지키다

2021시즌은 여전히 코로나19 팬데믹에서 벗어나지 못한 해였다. 이례적으로 해외로 전지훈련을 가지 못했고 국내에서 몸을 만들게 됐다. 정규시즌 개막은 4월 3일로 정해졌다. 부산은 겨울에도 비교적 따뜻한 지방이지만 그래도 겨울은 겨울이다. 몸을 만드는 데 어려움을 겪을 수밖에 없다. 김원중도 "영하의 날씨에서 컨디션을 제대로 올리기가 어려울 것 같다"라고 우려했다.

직전 시즌 마무리 김원중을 아꼈던 허문회 감독은 그의 기용 계획에도 변화를 주기로 했다. 상황에 따라 기용을 하되 이닝수는 조금 더 늘리기로 했다. 특히 2020시즌에는 원정 경기에서 9회초까지 동점 상황이면 9회말에는 김원중을 올리지 않았는데, 그 기준에 변화를 주겠다고 한 것이다. 김원중도 "내가 보여줄 수 있는 퍼포먼스를 최대한 보여줄 것"이라고 응했다. 시범경기에서 4경기 2세이브 평균자책 2.25를 기록하며 컨디션을 적절히 끌어올렸다.

2021시즌의 첫 세이브는 조금 늦었다. 롯데는 개막 후 첫 한 달 동안 10승 13패 승률 0.435로 하위권을 전전했다. 세이브 상황 자체가 많이 만들어지지 않았고 김원중이 등판할 기회도 잘 오지 않았다. 그런 연유로 4경기 연속 세이브 상황이 아닐 때 마운드에 올랐다. 특히 네 번째 경기인 4월 14일 KIA전에서는 2이닝을 소화하기도 했다. 그리고 다섯 번째 경기인 4월 21일 두산전에서 1.1이닝 무실점으로 시즌 첫 세이브를 올렸다.

5월에는 재미있는 상황도 있었다. 5월 8일 대구 삼성전에서 9회 '포수'로 깜짝 등장한 이대호와 함께 팀의 승리를 지키기도 했다. 하지만 전반적으로 성적과 팀 상황이 좋지 않았고, 롯데에 또 한 번 큰 변화가

야구
선수
김
원중

30

생겼다. 팀의 순위가 계속 밑으로 처지면서 5월 11일 허문회 감독이 경질됐고 시즌 초반부터 팀이 어수선한 분위기에 휩싸였다. 래리 서튼 퓨처스 감독이 1군 감독으로 승격됐다.

김원중 역시 팀의 분위기에 적지 않게 영향을 받을 수밖에 없었다. 그도 그럴 것이 김원중이 프로 무대에 데뷔한 뒤 수차례 감독이 교체되었기 때문이다. 프로야구에서 감독 교체는 자연스러운 일이지만, 그 빈도가 너무 잦았다.

김원중은 그해 전반기 32경기에서 3승 3패 13세이브 평균자책 5.03이라는 기록으로 마감했다. 7월 다수의 팀에서 코로나19 확진자가 대거 발생하면서 전반기가 조기 종료됐다. 각 팀은 갑작스러운 변화에 대처하기 위해 미니캠프를 꾸리며 후반기를 대비했는데, 롯데도 부산 사직구장에서 훈련을 시작했다.

서튼 감독은 김원중의 마무리 중용에 대한 믿음을 이어가겠다고 했다. 새 감독 체제에서 팀이 다시 재정비되었고 후반기 들어서는 김원중도 더 안정감을 찾아가는 모습이었다. 8월 10일 NC전에서 후반기 첫 세이브를 올린 김원중은 이날 경기를 포함해 6경기 연속 세이브를 기록하며 가파르게 세이브 개수를 쌓아 나갔다.

8월에 등판한 7경기 중 무려 6경기에서 세이브를 올렸고 세이브로 이어지지 않았던 8월의 마지막 경기인 26일 KIA전에서도 1이닝 무실점을 기록하며 호투했다. 한 마디로, 8월 한 달은 단 한 점도 허용하지 않았다.

9월에도 기세가 이어졌다. 9월 3일 사직구장에서 열린 한화와의 더블헤더에서는 2경기 모두 등판해 세이브를 거뒀다. 지난 시즌에 이어 다시 시즌 20세이브 고지에 올랐으며 KBO 리그 역대 39번째로 더블헤더 연속 세이브도 기록했다. 2년 연속 20세이브는 롯데 구단 역사상 김사율, 손승락에 이어 세 번째에 해당하는 기록이다.

Chapter 1.
야구선수 김원중은
어떻게
만들어졌는가

9월 출전한 13경기에서는 3경기를 제외하고는 모두 세이브를 올렸다. 7~8월 월간 MVP 후보에도 이름을 올릴 정도의 뜨거운 활약이었다. 당시 김원중은 수상자였던 삼성 백정현에 이어 총점 2위를 기록했다.

10월에도 세이브 6개를 추가했다. 10월 첫 경기인 10월 1일 KT전에서는 드디어 30세이브 고지에 올랐다. 그리고 막판까지 지속적으로 세이브를 추가한 김원중은 정규시즌 35세이브를 기록했다. 커리어 처음으로 30세이브 고지에 올랐고 리그 2위에 해당하는 우수한 성적이었다. 역대 롯데 마무리투수 기록 중에서는 2017년 손승락이 올린 37세이브의 뒤를 잇는 훌륭한 퍼포먼스였다.

예기치 않은 부상 공백에도 3년 연속 두 자릿수 세이브

김원중이 달성한 기록은 그의 가치, 즉 몸값을 수직으로 상승시켰다. 직전 시즌 연봉에서 64% 인상된 2억 8,000만 원에 도장을 찍었다. 하지만 2022시즌을 앞두고 예상치 못한 부상이 그의 시즌 시작을 늦췄다. 스프링캠프를 앞두고 개인 훈련 도중 늑골 피로 골절상을 입었다. 서서히 페이스를 끌어올리던 김원중은 동의대와의 연습경기에서 등판했는데 왼쪽 허벅지에 통증을 느꼈고 내전근 부분 손상 진단을 받았다. 개막 엔트리 합류는 불가능해졌다.

김원중은 4월 말이 되어서야 실전 경기를 치를 수 있었다. 4월 27일 삼성과의 퓨처스리그에서 처음으로 등판했다. 1이닝 무실점을 기록하며 복귀를 향한 시동을 걸었다. 김원중이 자리를 비운 동안 최준용이 마무리 중책을 대신하고 있었다. 김원중은 "최대한 빨리 몸을 만들어 1군 마운드에 오를 수 있도록 노력하겠다"고 했다.

김원중은 두 번째 실전 경기도 무사히 치렀다. 이틀 뒤인 KIA와의 퓨

야구
선수
**김
원중**

처스리그에서 1이닝 동안 안타나 볼넷 허용 없이 무실점을 기록했던 김원중은 드디어 5월 1일, 1군 첫 등판에 나섰다. 이날 LG와의 경기에서 7회 마운드에 올라 1이닝 동안 안타나 사사구 허용 없이 무실점으로 피칭했다.

다시 마운드의 제자리에 등판하게 된 건 5월 11일 NC전이었다. 이날 김원중은 블론세이브를 기록했으나 9회말 끝내기 득점이 나오면서 승리 투수가 됐다. 이후 다음 등판 경기에서도 9회에 기회를 받았으나 살리지 못했다. 결국 5월 27일 1군 엔트리에서 말소됐다. 말소되기 전까지 11경기에서 10.1이닝 평균자책 6.79의 좋지 않은 기록을 보였다.

6월 다시 1군의 부름을 받아 피칭을 이어갔지만 좀처럼 제 모습을 되찾지 못했다. 그러다 6월 말인 24일 키움전이 되어서야 시즌 첫 세이브를 올릴 수 있었다. 그리고 최준용이 흔들리면서 7월부터는 다시 김원중이 마무리 보직을 맡게 되었다.

마무리로 복귀한 후 두 번째 등판이었던 7월 12일 한화전에서 시즌 2세이브를 기록한 김원중은 이후 2경기에서 연속으로 세이브를 거두면서 다시 마무리투수로서의 면모를 찾았다. 7월 24일 사직 KIA전

Chapter 1.
야구선수 김원중은
어떻게
만들어졌는가

야구
선수
**김
원중**

에서는 팀이 0-23이라는 큰 점수차로 참패를 당했는데, 23점 차로 뒤진 9회에 등판해 마지막 이닝을 처리하는 모습이 나오기도 했다.

7월 마지막 경기인 30일 삼성전에서는 1이닝 3실점으로 좋지 않았지만 전반적으로는 원래 갖고 있던 클로저로서의 위용을 확인할 수 있었던 한 달이었다. 하지만 8월에는 뜻하지 않은 변수를 맞이했다. 8월 6일 코로나19 확진 판정을 받으면서 1군 엔트리에서 말소됐다.

다행히 코로나19로 인한 공백은 그의 구위에는 큰 영향을 주지 않았다. 8월 13일 KIA전에서 복귀한 김원중은 8월에 등판한 경기 중 단 한 경기에서만 실점했다. 9월 이후에는 9경기에서 8세이브를 거두며 17세이브로 시즌을 마감했다. 부상으로 뜻하지 않은 공백을 겪어야 했던 시즌이었지만 세 시즌 연속 두 자릿수 세이브를 올렸다는 점에서 소득이 있었다.

태극마크 달고 일찍 준비한 시즌, 롯데 역사상 최초 100세이브 돌파까지

김원중은 2023시즌을 조금 더 빨리 맞이했다. 그해 3월에 열린 월드베이스볼클래식(WBC) 대표팀에 선발됐기 때문이다. 김원중의 첫 성인 국가대표팀 발탁이었다. 가슴에 'GIANTS'가 아니라 'KOREA'를 새긴 유니폼을 입은 김원중은 '국민 노예' 후보로 떠올랐다.

1라운드 경기가 열리는 도쿄로 넘어가기 전 오사카에서 열린 연습경기에 모두 등판했다. 앞서 일본으로 넘어오기 전 SSG 2군과의 연습 경기에서도 등판했던 김원중은 계속 부름을 받았다. 김원중은 "뒤에 나가는 사람은 언제든 갑자기 준비하고 나가서 결과를 내야 하는 역할"이라고 덤덤하게 말했다.

그는 대회 개막 후에는 호주, 일본, 체코전까지 쉼 없이 마운드에 올랐다. 잦은 등판에 팬들이 우려 섞인 시선을 보일 정도였다. 김원중의 몸을 사리지 않는 등판에도 불구하고 한국 대표팀은 1라운드 탈락이라는 처참한 성적표를 받아들여야 했다. 김원중은 "경기를 하면 항상 나간다는 생각을 하고 있었고 나쁘지 않은 상황에서 계속 경기에 나갈 수 있다는 것 자체가 좋았다"라고 돌이켜봤다.

　WBC를 마치고 잠시 짧은 휴식기를 가진 김원중은 4월 1일 경기부터 출격했다. 이날 첫 등판부터 1.1이닝 무실점을 기록했고 두 번째 등판에서는 세이브도 올렸다. 4월 9일 KT전에서 1이닝 3실점, 3일 후 LG전에서도 0.1이닝 3실점하는 등 어려움을 겪기도 했으나 WBC의 피로도 잊은 채 4월 한 달 동안 13경기에서 7세이브 평균자책 3.95를 기록했다.

　이 기간 팀도 상승세를 탔고 14승 8패 승률 0.636으로 1위를 기록했다. 김원중은 4월 30일 사직 키움전에서 1이닝 무실점을 기록했고 이날 승리를 통해 롯데는 단독 1위로 5월을 맞이하게 됐다. 롯데는 5월 2일까지 9연승을 달리는 기염을 토하기도 했다. 4월의 상승세가 5월까지 이어지며 선두 싸움이 계속됐다.

　김원중도 뒷문을 단단히 틀어막았다. 5월 23일 사직 NC전에서 시즌 10세이브를 기록하며 구단 역사상 처음으로 4년 연속 두 자릿수 세이브를 기록했다. 김원중은 "KBO 리그 최고 인기팀에서 뒷문을 맡고 지키는 일이 결코 쉽지는 않다. 어려운 상황도 잘 이겨내고 경기를 팀의 승리로 잘 마무리했다는 것에서 자부심이 있다"라고 소감을 밝혔다.

　6월에는 등 근육 경직 등으로 휴식을 취하느라 11경기에서 2세이브를 올리는 데 그쳤지만 7월에는 다시 꾸준히 세이브를 쌓아 나갔다. 그리고 후반기에는 팀 역사에 남을 큰 기록을 세웠다. 8월 2일 사직 NC전에서 1이닝 무실점을 기록하며 개인 통산 95번째 세이브를 올린 것인데, 이는 롯데 구단 소속 선수 최다 세이브 기록이었다.

　이전 기록은 손승락이 기록한 94세이브였는데 김원중은 줄곧 롯데

야구
선수
**김
원중**

한 팀에서 뛴 '순혈' 선수로서 달성한 기록이라는 점에서 더 큰 의미가 있었고, 팬들의 지지와 응원 역시 더욱 컸다. 김원중은 "감개무량하다. 기록인 걸 알았을 때에는 머릿속이 하얘졌다. 또 내가 이렇게 많은 세이브를 기록했구나 하는 생각이 스쳐 지나갔다"며 벅찬 감정을 숨기지 못했다.

그리고 이내 김원중은 100세이브 고지까지 내달렸다. 8월 16일 사직 SSG전에서 시즌 23세이브를 올리며, 개인 통산 100번째 세이브를 기록했다. 롯데 선수로는 100세이브를 달성한 최초의 마무리투수가 됐다. 앞서 7월 26일 잠실 두산전에서 롯데 최초 100홀드를 달성한 구승민에게 음료수 세례를 퍼부었던 김원중은 이날은 반대로 구승민이 쏟아주는 콜라를 기분 좋게 웃으면서 맞았다. 김원중은 100세이브를 올릴 수 있었던 비결을 묻는 질문에 "돌아갈 줄도 아는 그런 느낌이 생겼다"라는 함축적인 표현으로 답했다.

김원중은 이후에도 7세이브를 더 추가하며 30세이브 고지를 밟았다. 2021년 이후 2년 만이었다. 게다가 평균자책도 2.97을 기록하면서 마무리 보직을 맡은 후 처음으로 2점대 평균자책으로 시즌을 마무리했다. 팀은 시즌 막판 가을야구 싸움을 했으나 결국 7위로 마무리했고 포스트시즌 진출은 좌절됐다.

새로운 사령탑 김태형 감독과의 만남 '가을야구' 도전을 위한 정진

다시 새로운 변화가 필요했고, 롯데는 결단을 내렸다. '가을야구 청부사' 김태형 감독을 새 사령탑으로 영입한 것이다. 김태형 감독의 취임식에 참석했던 김원중은 감독이 직접 꼽은 '꼭 필요한 선수' 중 하나로 거론됐다. 김원중은 2024시즌을 마치고 나면 자유계약선수(FA) 자격을

Chapter 1.
야구선수 김원중은
어떻게
만들어졌는가

얻기에 더 중요한 언급이었다.

김원중의 연봉도 대폭 올랐다. 직전 시즌 소폭 삭감됐던 2억 5,200만 원에서 무려 90.8%나 오른 5억 원에 사인하며 팀내 최고 연봉자로 등극했다. 김원중을 '방어하겠다'라는 롯데 구단의 의지가 드러난 대목이었다. 김원중은 거의 첫 미팅에서 제시된 금액에 흔쾌히 도장을 찍고 다음 시즌 준비에 나섰다.

투수 조장도 맡은 김원중은 스프링캠프를 마치고 "우리가 하고자 하는 마음들이 하나로 모인다면 충분히 상위권 이상의 순위를 기록할 수 있는 팀"이라며 의욕을 드러냈다.

하지만 쉽지 않았다. 롯데는 시즌 초반부터 최하위권을 전전했다. 4월 8연패에 빠지기도 했다. 불펜진의 부진이 아쉬움을 남겼다. 김원중의 앞을 지킬 구승민도 부진으로 2군으로 내려갔다. 전미르, 최준용 등 불펜진이 전반적으로 개편되는 상황에서 김원중은 계속 뒷문을 지켰다. 5월 25일 사직 삼성전에서 시즌 10번째 세이브를 올리며 5시즌 연속 두 자릿수 세이브 기록도 달성했다.

6월에는 팀을 위해 멀티 이닝도 불사했다. 6월 7일 SSG전에서는 2이닝 세이브도 올렸다. 개인 통산 120번째 세이브를 기록했는데, 이는 KBO 리그 역대 16번째에 해당하는 기록이었다. 롯데 역시 6월 한 달 14승 1무 9패 승률 0.609를 기록하며 상승세를 탔다.

김원중은 전반기에만 30경기에서 16세이브 평균자책 2.41을 기록했다. 김태형 감독은 수차례 1군 엔트리에 변화를 주곤 했는데 김원중에게는 단 한 번도 2군행을 통보하지 않았다. 올스타전에서도 김원중은 특별한 세리머니를 선보였다. '마운드의 마에스트로'라는 컨셉으로 올스타전이 열린 인천 문학 SSG랜더스필드의 조명을 지휘했다.

하지만 7월 들어 갑자기 롯데의 상승세도 꺾이면서 김원중 역시 심상치 않은 모습을 보였다. 7월 21일 삼성전부터 31일 SSG전까지 무려 5

야구
선수
**김
원중**

경기에서 블론세이브를 기록하며 걱정을 키웠다. 팀도, 김원중 개인도 모두 커다란 아쉬움이 남았던 7월이었다.

하지만 8월 들어 김원중은 다시 살아났다. 8월 6일 NC전에서 다시 세이브를 올리기 시작한 김원중은 한 달 동안 5개의 세이브를 추가했다. 8월에 등판한 8경기 중 단 한 경기에서만 실점을 허용했다. 김태형 감독은 "이제 좋아질 것"이라고 믿음을 드러냈고 김원중 역시 "힘들었지만 기다려주시고 상황에 맞게 나가게 해주셔서 감사하다"라고 화답했다.

김 감독은 '심리학'까지 언급하며 김원중이 어깨에 지고 있는 부담감을 감싸 안았다. "미국에서 심리학적으로 봤을 때 야구에서 마무리투수가 특히 압박이 심하다고 하더라. 주변에서 이해를 해줘야 된다고 얘기할 정도"라고 설명했다. 그러면서 "김원중이 시즌 끝날 때까지 마무리 투수로 가야 한다"고 힘을 실어줬다.

믿음 속에서 9월에도 세이브를 쌓아 나갔다. 롯데는 한화와 끝까지 경쟁하며 5강 진출을 위한 마지막 박차를 가했다. 김원중은 14일 사직 한화전에서 시즌 23번째 세이브를 올리며 통산 130세이브를 달성했다. 그는 "오늘의 기록은 오늘로 지나간 것이기 때문에 오늘까지만 기뻐하겠다. 다시 집에 가서 밥 먹고 자고 일어나 항상 하던 것처럼 준비해서 가장 좋은 컨디션으로 다음 경기 마운드에 올라갈 수 있도록 하겠다"라고 덤덤하게 말했다.

롯데는 7위로 정규 시즌을 마감하며 김태형 감독과의 동행 첫 시즌 가을야구에 진출하지 못했지만 김원중은 25세이브를 기록하며 두 자릿수 세이브 기록을 이어나갔다. 그는 시즌을 마친 후 "내가 조금 더 잘하고 좀 더 잘 지켰으면 팀이 조금 더 높은 곳에 갔을 텐데 하는 그런 생각에 아쉬움이 남는다"라고 아쉬움을 곱씹었다.

Chapter 1.
야구선수 김원중은
어떻게
만들어졌는가

처음부터 다른 선택지는 두지 않았다
오직 낭만, 명분을 생각한 동행

그리고 김원중은 시즌을 마치고 생애 첫 자유계약선수(FA) 자격을 얻었다. FA 자격 공시가 되기 전 그에게 선택에 대해 물은 일이 있었다. 그의 대답은 "낭만이 있어야 한다"였다. 단순히 돈으로 조건으로 움직이는 게 아니라 선수로서 어떤 팀을 선택해야만 하는 명분이 필요하고, 그 명분에는 낭만도 있어야 한다는 의미로 들렸다.

김원중의 고민은 오래 걸리지 않았다. 아니, 이미 답이 있었다. 그는 FA 공시 날짜인 11월 5일에서 일주일도 채 지나지 않은 11월 10일, 단 5일 만에 롯데 잔류 계약에 바로 도장을 찍었다. 클로저 등 불펜 투수들이 필요한 팀들이 다수 있어 더 나은 조건으로 이적을 고려할 환경이 조성되었지만 김원중은 "롯데에 남겠다"라는 뜻을 분명히 했다. 그리고 4년 최대 54억원에 계약을 체결했다. 길었던 머리도 싹둑 자르고 계약 '인증샷'도 찍었다. "로열티를 가질 만한 구단"이라며 롯데 선수로서의 인생을 이어 가기로 했다. 혹시 모를 불안함에 걱정했던 팬들이 환호하지 않을 수 없었다.

2025시즌 김원중은 더 발전해 나갔다. 스프링캠프에서 젊은 선수들이 팀에 적응하는 데 돕는 역할을 한 김원중은 투구 스타일도 간결하게 바꿨다. 피치클록이 정식으로 도입되면서 투구판 위에서 두 발을 굴리는 특유의 동작도 수정했다. 단숨에 두 자릿수 세이브를 달성한 김원중은 5월10일 KT전에서 1.1이닝 무실점을 기록하며 6시즌 연속 10세이브를 달성했다. 구대성(전 한화, 9시즌 연속), 손승락(전 롯데, 9시즌 연속), 정우람(전 한화, 8시즌 연속), 진필중(전 LG, 7시즌 연속)에 이은 역대 5번째 기록이었다. 현역 투수는 김원중이 유일하다.

6월 18일 사직 한화전에서는 개인 통산 150세이브 금자탑도 쌓았다.

야구
선수
**김
원중**

 구단 최초의 기록은 물론 KBO리그 역대 11번째에 해당하는 결과물이다. 김원중은 "한 팀에서 차곡차곡 내 기록을 쌓아가고 있는 것 자체가 너무 영광"이라며 "더 많은 기록들이 있겠지만 묵묵히 걸어가다보면 더 좋은 기록들이 따라올 거라고 믿고 몸 관리 잘해서 더 잘할 수 있도록 하겠다"고 각오를 다졌다.
 이틀 뒤 삼성전에서는 3년 연속 20세이브 기록도 달성했다. 마무리투수를 맡은 후 통산 5번째 20세이브 시즌을 만들었다.
 이제 김원중과 마무리투수라는 단어는 떼려야 뗄 수 없을 만큼, 리그를 대표하는 클로저가 됐다. 이미 롯데 자이언츠 역사상 최고의 클로저가 된 지 오래고, 범위를 한국프로야구 역사 전체로 넓혀도 열 손가락 안에 드는 최고의 마무리투수가 됐다.
 그렇다면 김원중은 이대로 마무리투수로서의 길을 계속 걸어가게 될까? 프로 커리어 초기 절반의 성공에 그쳤던 선발투수 등 다른 보직에 대한 욕심은 없을까? 이런 물음에 김원중은 '현답'을 내놓았다. 그는 "원래 사람들은 다 자기가 갖지 못한 것에 대해 환상 같은 마음이 조금씩은 있다고 생각한다"라며 "늘 선발투수가 하고 싶다는 마음은 있지만, 내가 잘하는 것과 잘할 수 있는 것 그리고 내가 하고 싶은 것은 결국 다 다르다고 생각한다. 딱 그 마음이다"라고 말했다. 앞으로도 김원중은 자신이 가장 잘할 수 있는 야구를 선보일 예정이다.

Chapter 2.
광주 소년, 아들 부잣집 장남… 우리가 몰랐던 김원중 이야기

야구
선수
**김
원중**

시끄러운 야구장이 편안했던 아기
광주에서 조기 교육 받으며 성장

　김원중은 아직도 가끔 이종범을 보면 느낌이 새롭다. '바람의 아들'로 수많은 소년들의 가슴에 야구선수로서의 꿈을 심어준 이종범은 이제 지도자로서 그라운드 안팎에서 만날 수 있다. 이종범을 보며 야구선수로서의 꿈을 키운 건 비단 김원중 하나만이 아니었을 것이다. 많은 이종범 키즈들이 지금 KBO 리그에서 뛰고 있다.

　야구 소년들을 설레게 했던 이종범은 현역 은퇴 후 해설위원 생활을 하다가 지도자로 현장에 복귀했고 이후 또다시 방송으로 새로운 야구 인생을 이어가는 중이다. 과거 2013~2014시즌은 한화에서 그리고 이후 LG에서 4시즌 동안 코치를 했다가 2025시즌에는 KT에서 선수들을 지도했다. 김원중은 그라운드 안팎에서 이종범 코치를 마주치곤 했다. 이 코치를 볼 때마다 어릴 적 야구장에서 그의 플레이를 보며 야구선수를 꿈꿨던 시기를 떠올린다.

　김원중은 언제나 야구를 시작하게 된 계기를 묻는 질문에는 "그 분을 보고 야구를 시작했다"라고 답했다. 그렇게 자신에게 꿈이라는 것을 선물해준 분을 상대 팀 코치로서 볼 때마다 '새로운 느낌'이 든다고 했다. "코치님, 안녕하십니까?"라고 인사하면 "어, 그래"라고 말할 때 새어 나오는 정겨운 광주 사투리도 듣기 좋았다.

　처음 이종범이라는 선수를 보면서 야구선수가 되겠다고 결심한 소년이 훗날 정말로 꿈을 이루게 될지 누가 알았을까? '꿈은 이루어진다'라는 말이 있다. 하지만 꿈을 이루기까지 과정에서 어느 누구도 혼자만의 노력으로 뭔가를 이뤄낼 수 없다. 특히 프로야구선수가 되려면 초등학교 저학년 어린 나이부터 본격적으로 시작해야 한다.

　어린 소년이 홀로 꿈만 꾼다고 해서 이루기는 결코 쉽지 않은, 아니

Chapter 2.
광주 소년,
아들 부잣집 장남…
우리가 몰랐던
김원중 이야기

절대적으로 너무나도 어려운 일이다. 김원중이 이렇게 꿈을 이뤄서 롤모델까지 만날 수 있었던 건 자신이 가지고 있는 타고난 재능과 부단한 노력도 있었겠지만 가족들의 전폭적인 지지와 희생도 적지 않은 영향을 미쳤다.

  야구를 보는 걸 좋아했지만, 실제로 어린 김원중이 할 수 있었던 건 동네에서 친구들과 하는 캐치볼 정도였다. 하지만 캐치볼은 김원중에게 만족을 줄 수 없었다. 그는 캐치볼이 아니라 야구, 진짜 야구를 하고 싶었다. 그러던 어느 날 소년 김원중은 굳은 결심을 했다. 부모님께 '야구선수가 되겠다'라는 말을 전하기로 한 것이다.

  남자 아이들이 운동 선수를 꿈꾸는 건 어찌 보면 자연스러운 현상이다. 축구, 농구, 배구 등 다른 구기 종목들이 있지만 그 중에서도 콕 집어 야구선수가 되고 싶다고 한 건 주변의 환경들이 그를 야구로 이끌었기 때문이다.

  돌이켜보면 김원중은 태어나기 전부터 야구선수가 될 운명이었다. 광주가 어떤 곳인가? 해태 타이거즈, KIA 타이거즈의 고장이다. 부산 사람들이 그렇듯, 광주 사람들 역시 너도나도 모두 야구를 좋아한다. 해태에서 시작해 KIA로 이어진 타이거즈는 광주의 사랑을 듬뿍 받았다. KIA는 KBO 리그에서 손꼽히는 인기 팀 중 하나이며 최고의 명문 구단이라고 할 수 있다. 2024시즌 통합 우승까지 포함해 무려 12차례나 한국시리즈 우승 트로피를 들어올렸다.

  김원중의 부모도 예외는 아니었다. 아버지, 어머니 둘 다 야구를 좋아했다. 특히 아버지 김용빈 씨가 야구를 보는 것을 좋아했다. 종종 어머니 배미화 씨와 야구장 데이트를 하곤 했는데 김원중을 임신했을 때도 함께 광주 무등 경기장을 찾아 야구를 봤다. 김원중은 태어나기 전부터 '태교'로 야구를 접한 것이다. 조금 과장해 말하면, 야구선수가 되기 위한 조기 교육을 정말 일찌감치 시작한 것이나 다름없었다.

야구
선수
**김
원중**

46

김원중이 태어난 뒤에도 야구장 방문은 계속됐다. 야구장은 사실 아기가 편안하게 있을 수 있는 환경은 아니다. 1루와 3루 응원석에서 앰프 응원 소리가 울려 퍼지고 양 팀 팬들의 환호성, 괴성에 가까운 소리 때로는 욕설 등 각종 소음으로 가득 찬다. 그래서 아파트 등 주거 시설과 가까운 곳에 자리한 야구장에서는 밤 10시부터는 앰프 응원을 금지한다.

그런데 김원중은 달랐다. 어머니의 뱃속에서부터 야구장의 소음을 들어온 덕분일까? 그 시끄러운 야구장에서 아기 김원중은 꾸벅꾸벅 졸며 짧게 숙면을 취하기도 했다. 응원 소리가 자장가로 들렸나 보다. 김원중에게 야구장은 이렇게 '편안한 곳'이 되었다. 그렇게 운명 같은 야구선수로서의 삶은 시작됐다.

제대로 야구를 하고 싶다
야구만을 위한 전학과 통학

김원중이 원래 다니던 초등학교는 동림초등학교였다. 하지만 학교에 야구부가 없었다. 야구를 하려면 야구부가 있는 초등학교로 옮겨야만 했다. 학강초로 전학을 갔는데 집과는 거리가 너무 멀어 버스를 타고 한 시간 가까이 가야 하는 곳이었다.

김원중은 어린 나이였지만 야구선수가 되기로 한 이상, 그 먼 곳까지 갈 정도로 열정이 있었다. 김원중은 아직도 자신이 타고 다니던 버스 번호를 기억하고 있다. 그는 "88번이었다. 동림동에서 양림동까지 타고 갔는데, 안 막히면 40분 정도, 좀 막히면 1시간 정도 걸렸던 것 같다"고 말했다. 초등학생이 보호자 없이 혼자 버스를 타고 긴 시간을 왕복 이동하는 것이 쉬운 일은 아니었다. 하지만 김원중은 군말없이 아침마다 일찍 일어나 학교로 향했다.

Chapter 2.
광주 소년,
아들 부잣집 장남…
우리가 몰랐던
김원중 이야기

야구
선수
**김
원중**

아버지는 아들의 꿈을 전폭적으로 지지하기로 했다. 집안에 운동 선수가 되겠다고 나선 건 김원중이 처음이었다. 친척 중에서도 제대로 운동을 한 사람이 한 명도 없었다. 운동을 하겠다고 나선 것도, 그 중에서도 야구를 하겠다고 얘기를 꺼낸 것도 김원중이 처음이었다.

아버지 김 씨는 당연히 아들의 요구를 흔쾌히 받아들였다. 앞서 언급했던 것처럼 그 역시 야구를 좋아하는 마음이 컸다. 또한 광주에 사는 남자라면 한번쯤은 야구선수에 대한 꿈을 키워보지 않았을까 싶다. 그러다 아들이 야구를 하겠다고 선언했으니 적극적으로 지원해주고 싶었다. 아버지는 생각도 하지 못했던 야구선수라는 꿈을 아들은 이루기를 바랐다.

어머니 또한 아들의 꿈을 말리거나 걱정하는 대신 뜻을 펼칠 수 있게 물심양면으로 도와줬다. 흔히 한 집안에서 운동 선수가 나오려고 할 때에는 반대하는 목소리가 있기 마련이다. 부모는 자식을 고생시키고 싶지 않다는 마음 때문에 대부분 처음에는 일단 반대부터 하고 본다. 운동 선수를 해보지 않은 사람들이라도 일단은 그 길이 힘들다는 것을 잘 안다. 현실적인 문제로는 경제적인 지원을 포함해 여러모로 많은 벽에 부딪히곤 한다.

하지만 김원중 집에서는 이런 반대의 목소리가 존재하지 않았다. 기다렸다는 듯이 아버지와 어머니는 아들의 꿈을 응원했다. 야구 도시였던 광주, 그리고 지지해줄 수 있는 환경이 갖춰져 있었던 상황이라 김원중의 야구선수로서의 출발은 비교적 순조로웠다.

물론 아버지 어머니 모두 처음에는 반신반의하는 마음도 없지 않았다. 하지만 아들의 성격을 잘 알기에 고집을 꺾을 수는 없을 것이라고 생각했다. 아들의 성격은 아버지를 그대로 빼다 박았다. 한번 마음을 먹으면 돌릴 수 없다는 걸 부모 둘 다 잘 알고 있었다.

김원중도 "내가 정말 하고 싶다니까 부모님도 별다른 반대 없이 시킨

Chapter 2.
광주 소년,
아들 부잣집 장남…
우리가 몰랐던
김원중 이야기

것 같다"라고 하면서도 "어린 애가 매일같이 한두 시간 왔다 갔다 하는 게 힘들어서 그러다 말겠지 그렇게 생각하신 것도 있지 않았을까 싶다"라며 아버지의 마음을 대변했다.

'초딩' 김원중의 의지는 생각보다 더 단단했다. 야구를 시작한 이후로 지금까지 단 한 번도 그만하겠다는 말을 한 적이 없다고 한다. 한 시간 걸리는 학교를 가려고 아침 일찍 집을 나서는 어린 아들의 모습을 보면서 부모도 김원중 의지가 확고하다는 걸 느끼기 시작했다.

딱 한 번 "야구 하기 싫다"라는 말을 한 적은 있었다는 게 아버지의 기억이다. 다른 아이 같으면 그저 투정이라고 들을 법도 했지만 김원중이 그렇게 말했으면 뭔가 정말로 다른 마음을 먹은 것이었다. 김원중의 머릿속에는 이 기억이 없지만, 아버지 김 씨가 아들이 야구 하기 싫다고 얘기했던 그 때의 시간을 떠올렸다. 김원중은 "5학년 때인가 한 번 야구 하기 싫다는 말을 한 적이 있다고 하셨다. 하지만 그날 이후로는 한 번도 그런 얘기를 꺼내지 않았다고 하셨다"며 아버지의 기억을 빌려 말했다.

이유가 무엇이었을까? 당시 김원중은 야구부 혹은 운동부의 특성 중 하나인 '군기' 때문에 야구가 싫어졌다. 요즘에는 이런 문화가 많이 사라졌지만 과거 운동부에서 '군기'는 사라지지 않는 답습 중 하나였다.

아마도 아이들이 혈기 왕성한데다, 야구는 단체 스포츠라 단합, 희생, 서열 이런 것들을 강조하는 분위기 속에서 견디기 힘든 일들이 있었을 것이다. 하지만 그런 것이 도를 넘을 정도로 지나치게 악화되면 그저 순수하게 야구가 좋아서 야구선수를 꿈꿨던 아이들의 의지가 꺾일 수도 있었다. 묵묵하게 야구를 하던 김원중도 마찬가지였다.

이번에는 아버지가 먼저 김원중을 말리기 시작했다. 더불어 학강초 야구부 코치들도 김원중의 집을 찾아왔다. 재능이 있으니 야구를 계속 하라고 권유했다. 가능성이 없는 선수에게 코치들이 찾아와 계속 운동

야구
선수
**김
원중**

50

을 해보자고 하는 경우는 많지 않다. 아마도 이 때부터 김원중의 야구 선수로서의 싹은 보였나 보다. 이후에는 한 번도 '관둔다'는 말없이 그렇게 야구를 계속하게 됐다.

왼손잡이 김원중이
우완투수가 된 까닭은

　이후에도 부모님의 전폭적인 지원이 계속 이어졌다. 그도 그럴 것이, 아버지에게 김원중은 말 그대로 '꿈'이었다. 아버지의 마음 속에 품고 있던 꿈이 아들에게는 현실이 되어가고 있었다. 아들이 프로 무대에 데뷔해 경기를 뛴다는 것을 상상하는 것만으로도 힘이 났던 아버지로서는 김원중을 밀어주지 않을 수 없었다.

　실제로 야구계에서는 '맹모삼천지교'라는 말보다는 '맹부삼천지교'라는 말이 더 적합할 정도로 아버지가 선수의 인생에 큰 영향력을 행사한 사례가 많다. KBO 리그 최고의 좌완 투수이자 미국프로야구 메이저리그 LA 다저스, 토론토 블루제이스에서 활약했던 한화 이글스의 류현진이 대표적인 예다.

　류현진은 본래 오른손잡이이지만 아버지 류재천 씨가 아들이 10살 때 왼손 투수용 글러브를 가져다주며 좌완 투수로서 성장을 꾀했다는 건 유명한 일화다. 류현진도 아버지가 왜 그렇게 했는지에 대해서는 정확한 이유를 알지 못했지만 "야구에서 왼손이 유리하기 때문에 그런 것이 아닐까"라고 이유를 지레 짐작하곤 했다.

　덕분에 류현진은 KBO를 대표하는 왼손 투수가 됐다. 데뷔 첫해부터 신인왕과 MVP를 휩쓸었고 미국 진출까지 성공했다. 류현진이 LA 다저스에 진출했을 때 처음으로 참가한 스프링캠프에서 현지 미국 기자들은 오른손잡이인데 공은 왼손으로 던지는 것에 대해 큰 관심을 보이기

Chapter 2.
광주 소년,
아들 부잣집 장남…
우리가 몰랐던
김원중 이야기

도 했다. 류현진은 "아버지 덕분"이라고 답했다.

류현진의 아버지는 아들이 야구에만 전념할 수 있게 학교 운동장의 흙을 고르기도 했다. 류현진이 고등학교 1학년 때 인천의 한 병원에서 진료를 받았는데 당시 판정이 오진이라는 것을 알게 된 후에는 크게 화를 내며 난동을 부리기도 했다고 전해진다. 이런 일들로 인해 야구계에 '류현진의 아버지가 조폭이다'라는 오해가 생기기도 했다.

아버지 류 씨는 집 옥상에 개인 연습장을 만들어 아들이 연습에만 매진할 수 있게끔 했다. 그가 프로 무대에 데뷔한 뒤에도 거의 모든 경기를 보러 현장에 갔다. 국제 대회도 여건이 되면 대부분 따라갔다. 그리고 "홈런은 맞아도 볼넷을 주지 말라"는 등의 조언을 아끼지 않았다. 류현진은 한국프로야구를 제패하고 메이저리거로서의 꿈을 이뤘다. 류현진이 미국에서 경기에 나설 때면 아버지는 그곳에서 아들의 투구를 지켜보곤 했다.

류현진뿐만이 아니다. 각자의 사정으로 야구선수로서의 꿈을 이루지 못한 아버지들이 아들에게 꿈을 투영해 적극적인 투자를 하곤 했다. 신인 드래프트 현장에 가면 프로 지명이 된 뒤 어머니보다 먼저 아버지를 언급하며 고마움을 표하는 선수들이 종종 있다.

대표적으로 류현진의 아버지 사례를 언급했지만, 김원중의 아버지는 적극적으로 아들에게 코칭을 하는 스타일은 아니었다. 김원중은 원래 왼손잡이였다. 아버지 김 씨도 왼손잡이다. 그런데 김원중은 할머니가 어릴 적부터 집요하게 교육하여 오른손잡이로 돌려놓은 케이스다.

요즘에는 왼손잡이의 개성을 존중하는 추세이지만 연세가 지긋한 옛 어른들은 왼손잡이는 반드시 오른손으로 교정해야만 했다. 할머니는 자신의 아들, 즉 김원중의 아버지도 오른손잡이로 만들려고 부단히 노력하셨다고 한다. 하지만 아버지의 고집에 실패했고, 할머니는 손자마저 왼손잡이로 만들 수는 없다는 생각에 어렸을 때부터 무조건 오른손을 쓰게 만들었다.

당시 어르신들의 생각도 어느 정도 이해는 가지만, 김원중을 볼 때면 야구선수로서는 계속 왼손을 더 썼다면 그래도 좀 더 유리하지 않았을까 하는 생각이 아직도 종종 든다. 할머니와 아버지의 얘기를 전해주던 김원중도 "내가 왼손을 썼으면 몸값이 얼마나 더 높아졌을까"라며 농담을 하며 씨익 웃었다.

아들의 야구, 아버지의 야구
사춘기에 찾아온 큰 부상

다시 아버지의 이야기로 돌아가면, 김원중은 "내가 야구를 하고 싶어 하니 아버지도 그러길 바라셨던 거지, 아버지가 내게 야구를 강요하거나 부담을 주신 적은 없었다"라고 학창시절을 떠올렸다. 가령 '몇 시까지는 운동을 좀 더 해라' 같은 구체적인 지시를 한 적은 없었다. 아버지가 김원중에게 그나마 했던 말은 "빨리 자" 아니면 "밥 많이 먹어라" 정도의 기본적인 말들이었다. 이 정도의 이야기는 아들이 운동부 학생이 아니라도 누구나 할 수 있는 말이다.

물론 가끔은 부자 사이에서 야구에 대한 토론이 가벼운 마찰로 이어진 적도 있었다. 한창 사춘기 때인데다 체력적으로 정신적으로 부담이 큰 훈련을 소화하던 시기의 김원중은 집으로 귀가한 뒤에 조금은 날카롭게 날이 서 있을 수밖에 없었다. 그런 상황에서 아버지가 하는 조언이 고맙게 들릴 리 없었다. 하루는 아버지에게 '아빠가 야구를 뭘 아느냐'고 대들기도 했다. 어린 마음에 "아빠가 저처럼 이렇게 할 수 있어요?"라고 말하기도 했다.

그때 이후로 아버지는 아들에게 야구에 대해 한 마디도 하지 않았다. 김원중은 "그때는 아마 아버지도 얕은 지식이지만 야구를 좋아하는 마

음에서 아들을 더 잘 되게 해보려고 그러셨을 거다. 그런데 내가 더 전문적으로 디테일한 설명을 곁들이면서 대드니까 아버지가 말문이 막히셨던 것 같다"라고 회상했다.

그 뒤로는 야구 이야기로는 아들을 이길 수 없다고 생각한 건지, 아니면 아들에게 더 이상 부담을 주지 말자는 생각 때문인지 이후 그런 식으로 조언을 하는 일은 없었다. 대신 '아프지 마라', '휴식을 충분히 취해라' 정도의 얘기만 했고 말보다는 행동으로 모든 걸 도와주려고 했다. 아들이 아프다고 하면 만사 다 제치고 병원을 데리고 갔다. 김원중에게 재활이 필요할 때면 어디서든지 운동을 다 시켜주려고 했다. 프로 데뷔한 후로도 경기가 끝나고 나면 내용에 대해 언급한 적은 한 번도 없다.

김원중은 "시합이 끝나고 나면 아버지는 항상 '몸은 괜찮아?'라고 물으신다. 그래서 '괜찮다'라고 하면 '그럼 됐다'라고만 하신다"고 했다.

이랬던 아버지가 아들에 관한 일로 화가 머리 끝까지 난 일이 있었다. 앞에서도 잠깐 다루었던 에피소드이지만, 이는 김원중의 야구 인생에서 가장 큰 위기였던 중학교 시절이었다. 훈련을 하다 큰 부상을 입었을 때였다. 당시 초진을 보러 찾아간 광주 소재의 병원이 분위기가 좀 어수선했다.

정형외과로 진료를 보러 왔다고 했는데 순서를 기다려서 갔더니 아예 생뚱맞은 전혀 다른 과로 접수를 해놓았다. 이런 과정을 겪으니 너무 성의가 없다는 느낌이 들었다. 큰 병원이어서 환자들이 많이 몰려 업무에 혼선이 빚어질 수도 있었지만 아들이 통증을 호소하는데 그걸 좋게 웃으며 넘어갈 아버지가 어디 있을까?

원래 '불도저' 같은 성격을 가지고 있었던 아버지 김 씨는 "나 여기서는 수술 못 시키겠다"라고 선언했다. 그러면서 초진을 해줬던 의사에게 "서울에 있는 병원 중에 제일 좋은 곳이 어디냐"고 물었다. 당시 중학생이었던 김원중이 진료를 받으려면 소아정형외과가 있는 곳으로 가야

Chapter 2.
광주 소년,
아들 부잣집 장남…
우리가 몰랐던
김원중 이야기

했다. 해당 의사는 소아정형외과가 있는 병원을 몇 군데 말해줬고 그 중에서 아버지는 서울대병원을 가기로 했다.

대한민국에서 가장 공부 잘 한다는 사람들이 모인 제일 좋은 대학이지 않은가. 이런 논리로 무작정 서울대학교 병원으로 갔다. 대학 병원은 예약 자체가 힘들다. 게다가 서울대병원이면 온갖 환자들이 전국에서 다 모이는 곳이다. 예약을 한다 하더라도 언제 진료를 받을 수 있을지 알 수 없는 상황이었다.

그럼에도 아버지는 다시 불도저처럼 밀어붙였다. 일단 아버지는 김원중을 포함해 온 가족들은 차에 태우고 서울로 향했다. 이런 과정을 겪으면서 김원중의 상태는 더 악화됐다. 계속 시름시름 앓으며 서울로 향했다. 앞서 언급된 것처럼 응급실에서 운 좋게 김원중의 상태를 알아본 의사 선생님을 만나 바로 수술을 할 수 있었다. 아버지의 이런 성격이 아니었으면 김원중의 야구 인생은 훗날 어떻게 되었을지 모른다.

김원중은 "우리 아버지 성격이 보통은 아니시다. 나보다 더 하면 더 했지 절대 만만치 않은 분이시다"라고 했다. 최고의 병원에 아들을 맡기겠다는 그 일념 하나로 떠난 서울행은 김원중의 야구 인생을 무사히 이어가게 했다.

아버지의 미안한 마음
그리고 아들의 고마운 마음

그렇게 물심양면 지지를 해줬지만 아버지는 항상 김원중에게 미안한 마음이 컸다. 야구계에서 흔히 하는 말로, 집안에 야구선수 한 명을 기르려면 '기둥을 뽑아야 한다'라는 표현이 있다. 과거와 달리 야구는 이제 엘리트 스포츠로 분류가 된다. 눈물 젖은 빵을 먹으며 선수로 성공했다는 이야기는 옛말이다. 가정의 철저한 지원 없이 프로 선수로 성

야구선수 김원중

장하기가 힘들다. 단순히 심적인 지지나 응원을 떠나 물질적인 지원이 필요하다.

김원중의 아버지는 아들이 야구에만 전념할 수 있도록 경제적인 부담을 느끼지 않게끔 했다. 사업을 하셨던 아버지는 늘 일에만 집중하셨다. 그러다 보니 아들과 함께 하는 시간을 많이 보내지 못했다. 아버지가 아직도 아쉬워하는 부분이다. 이른바 '토끼 같은 자식'들을 위해 앞만 보고 열심히 달려왔는데 어느덧 시간이 지나 돌아보니 훌쩍 커버린 아들을 마주했다.

김원중은 "아버지는 나와 동생들이 한창 어리고 예뻤을 때 좀 더 시간을 보내고 싶었는데 가족을 먹여 살리는 데에만 집중하고 살았던 게 조금 아쉽다고 말하시곤 한다"라고 했다. 가족들을 위해서 달려왔는데 그렇게 살다 보니 정작 가족들과 함께 보낸 시간이 많지 않다는 게 아이러니하면서도 이해가 된다. 비단 김원중의 아버지만 그랬을까? 여느 '가장'들이 그래왔던 과정을 김원중의 아버지도 겪었다.

그렇게 아끼고 아낀 아들은 프로 선수가 됐다. 이제는 아들이 아버지의 수입을 훌쩍 넘길 정도가 됐다. 김원중의 2025시즌 연봉은 11억 원이다. KBO 리그 투수 중에서는 공동 5위에 해당하고, 롯데 구단 내에서는 두 번째에 해당하는 금액이다. 그래도 아버지는 "사업을 하는데 너보다는 못 벌겠느냐"라며 항상 아들에게 우스갯소리를 한다.

여느 아버지와 아들이 그렇듯 부자 사이에는 스킨십이 많이 일어나지 않는다. 하지만 이런 아버지의 애정이 담뿍 드러난 날이 하루 김원중의 기억에 선명히 남아 있었다.

김원중은 2011년 8월 25일 열린 2012년 신인 드래프트에 참가했다. 그리고 롯데의 1라운드 5순위 지명을 받았다. 당시 아버지 김 씨도 자리에 함께 했다. 한 기자의 인터뷰에 임했던 부자는 이례적으로 '뽀뽀 사진'을 남겼다. 아버지가 김원중의 볼에 뽀뽀를 하는 사진이다. 아들과

Chapter 2.
광주 소년,
아들 부잣집 장남…
우리가 몰랐던
김원중 이야기

아버지가 소통을 편하게 많이 하는 편이지만 그런 스킨십을 하는 건 극히 드문 일이었다. 김원중은 "그때 인터뷰하신 기자님이 '아버지 오늘 기분 좋으신데, 아들한테 뽀뽀 한번 해주시죠'라고 요청하면서 사진을 찍어 그런 장면이 나오게 됐던 것"이라며 웃었다.

"기자분의 요청이 있었지만, 아마도 아버지는 정말 그렇게 하고 싶으셨을 것 같다"고 마음을 헤아렸다. 김원중은 아버지뿐만이 아니라 자신의 몸에 누군가가 손을 대는 것을 좋아하지 않는다. 장성한 아들과 아버지의 스킨십 자체가 언감생심인데, 뽀뽀는 가당키나 했겠는가.

하지만 이날만큼은 아버지도 아들에게 애정을 표현하고 싶었다. 아들이 프로야구 선수가 되기 위해 어떤 길을 걸어왔는지 잘 알고 있는 아버지 입장에서는 얼마나 대견하고 예뻤을까. 인터뷰와 함께 흔쾌히 사진 포즈 요청을 받아들였고 김원중도 아버지에게 가만히 볼을 내어 드렸다. 김원중도 "언제 그런 사진을 남겨 보겠는가. 죽기 전까지 그런 사진 한번 남겨볼 일이 있을지 모르겠다"라며 웃었다.

언젠가 김원중과 기자가 식당에서 함께 식사를 하며 인터뷰를 하던 날, 김원중의 아버지에게서 전화가 왔다. 김원중은 전화를 받더니 "이따 전화드리겠다"라고 짧게 통화를 끊었다. 그런데 이 식사 자리에서 한 가지 의문점이 나왔다. 왜 아버지에게는 존댓말을 하고 어머니에게는 반말을 할까? 식사 자리에 함께 있었던 롯데 구단 홍보팀 직원도 "그러고 보니 나도 아버지에게는 존댓말을 하는데 어머니에게는 그냥 '엄마'라고 하면서 반말을 한다"라고 했다.

대구에서 광주로 시집 온 어머니
누구보다 강한 마음의 소유자

요즘은 시대가 변해서 전형적인 아버지상과 어머니상이 많이 달라

야구
선수
**김
원중**

졌다고들 하지만 일반적으로 아버지 하면 생각나는 이미지와 어머니 하면 떠오르는 이미지가 다르기는 하다. 김원중의 어머니 배미화 씨도 그랬다. 자식을 위해 헌신했던 그런 어머니의 모습 그대로다. 어머니는 심지어 아들만 셋이 있는 집안에서 유일한 여성이었다. '남자는 영원히 철들지 않는다'라는 말에 빗대어 남편까지 합치면 사실상 아들을 4명이나 키운 셈이나 마찬가지다.

김원중은 아버지와 어머니의 러브스토리를 귀에 못이 박히도록 들었다. 어머니는 대구 출신이다. 지금도 그렇지만 광주 남자와 대구 여자가 만나기란 쉽지 않다. 부모의 만남은 운명적이었다. 유통업을 하시던 아버지가 대구에 출장 갈 일이 있었는데 그때 어머니를 보고는 한눈에 반한 것이다.

앞서 소개한 병원 일화에서도 알 수 있듯이 아버지가 누구인가, '불도저' 같은 분이다. 아버지는 한번 꽂힌 여자를 놓치고 싶지 않았다. 그 뒤로 하루가 멀다 하고 광주에서 대구로 어머니를 찾아갔고 어머니도 결국 그 마음을 받아들였다. 아버지가 몰고 다니는 탑차를 타고 함께 전국 일주까지 했다. 그리고 꽃다운 어머니는 남편을 따라 광주로 와서 가정을 이루고 아들을 셋이나 낳았다.

아들을 둘 이상 낳아 키우면 어머니가 '깡패'가 된다고들 한다. 하지만 어머니는 언제나 덤덤하셨다. 소위 말하는 '쿨'한 성격을 가지고 집안을 꾸리셨다. 김원중은 어머니에 대해 "말투나 이런 건 거의 남자다"라며 "말도 되게 직설적이다. 감성적이지 않다"라고 했다.

어린 아들이 혹여나 밥 투정을 하면 어머니는 단호하게 한 마디 했다. "먹지 마" 그리고 바로 밥상을 치워버리곤 했다.

그러다 큰 아들에게 그 무섭다는 '중2병'이란 게 왔다. '중2병'이라는 말은 중학교 2학년 정도의 나이가 되면 사춘기가 절정을 넘어 극악으로 치닫기에 만들어진 말이다. 누구나 다 우리 모두 기억을 떠올려보면

야구
선수
**김
원중**

중학교 2학년 때쯤에는 뭐에 쓰인 것처럼 신경이 날카롭고 엇나갔던 시기가 있지 않았을까?

김원중은 병원에 있던 시기에 '중2병'이 왔다. 청소년이 사춘기가 오면 적절히 해소할 곳이 있어야 한다. 친구들과 함께 어울려 다닌다든지 학교에서 가끔 선생님 말을 듣지 않고 반항한다든지 하는 등의 모습은 어찌 보면 그 나이대에 할 수 있는 해소법이라고 할 수 있다. 게다가 중학교 2학년 시기의 사내 아이들은 심지어 혈기 왕성하기까지 하다.

그런데 김원중은 병원에 계속 누워만 있으니 이를 해소할 곳이 없었다. 중학교 1학년때 골반 부상을 입고 수술을 받고 재활하는 기간 동안에는 병원에 있어야 했다. 그때 김원중의 곁에서 모든 수발을 다 들어준 이가 바로 어머니였다. 자연스레 철없는 아들의 투정은 어머니를 향했다. 어머니는 묵묵히 아들의 투정을 다 받아줬다. 김원중은 당시를 떠올리면서 "엄마도 아들이 많이 아파 누워 있는데 짜증이나 투정을 안 받아줄 수도 없는 특수한 상황이었던 것 같다"고 어머니의 마음을 가늠했다.

한 마디 말 없이 묵묵하게, 무엇보다 크고 강한 어머니의 사랑

수술 자체도 큰 수술이었지만 이후 회복하는 과정이 더했다. 김원중은 "수술하고 나면 소변이 안 나온다. 전신 마취를 했기 때문에 장기 전체가 안 움직인다. 그래서 관을 연결을 하고 누워만 있어야 했다. 그런데 누워만 있으니 소변이 나올 수가 없다. 소변통도 설치되어 있는데 내 맘대로 소변이 안 나온다고 어머니에게 화를 낸 적도 있다"라고 말했다. 물론 소변이 나오지 않는 게 어머니 탓이 아니라는 것을 잘 안다. 그런데 그때는 어머니가 곁에 있다는 이유만으로 짜증을 부렸다.

Chapter 2.
광주 소년,
아들 부잣집 장남…
우리가 몰랐던
김원중 이야기

생각해보면 중학생이 수월히 견뎌낼 수 있는 만큼의 시간이 아니었다. 다 큰 성인도 그런 대수술을 받으면 견디기 힘들다. 그런데 한창 활동량이 많은 어린 소년이 대수술을 받은 데다 움직일 수 없었으니 얼마나 답답했겠는가. 그런 답답함은 짜증으로 바뀌었다.

김원중의 어머니도 아들이 얼마나 힘든 시간들을 보내고 있는지 잘 알고 있기에 묵묵히 다 받아줬다. 소변만이 아니었다. 대변도 어머니가 다 치워줬다. 소변은 그래도 중간 중간 텀이라도 있지 대변은 하루 종일 누워 있다 보면 정말 어마어마한 양이 나왔다. 그걸 어머니는 한 마디 불평 없이 묵묵히 치워냈다.

김원중은 "아무리 자기 아들이라고 해도 절대 쉽지 않은 일이었을 것"이라고 했다. 아들이 그렇게 아파하고 힘들어했는데도 그로 인해 짜증과 투정이 끊이지 않았음에도 어머니는 아들 앞에서 한 번도 눈물을 보인 적도 없었다. 어머니의 인내와 사랑, 강한 마음이 없었으면 지금의 김원중도 없었을 것이다. 김원중 스스로도 그렇게 이야기한다.

어머니의 보살핌은 그가 프로에 데뷔한 뒤에도 계속됐다. 김원중은 데뷔 후 퓨처스리그에서 뛰다 2013년 상근예비역으로 입대하는 길을 택했다. 군 생활 중에도 제대로 몸 관리를 해야겠다고 결심한 김원중은 재활 센터를 찾았다. 그가 선택한 재활 센터는 거리가 꽤 있었다. 당시 상근예비역은 차로 출퇴근을 할 수가 없었다. 규정으로 금지된 것은 아니었지만 당시 근무했던 곳에서 이른바 '사고'를 치는 상근예비역들이 많았고, 혹여나 음주운전 등의 사건사고가 발생하지 않을까 하는 마음에 자체적으로 원인이 될 만한 것들을 원천봉쇄한 것이다.

그래서 김원중의 출퇴근을 어머니가 도맡았다. 출근할 때 어머니가 데려다 주고 퇴근 시간이 다가오면 어머니가 도시락을 싸 들고 와서 아들을 기다렸다. 재활 센터로 가는 동안 김원중은 어머니가 준비해준 도시락을 먹으면서 저녁을 해결했다. 그리고 센터에서 운동을 하는 동안

야구
선수
**김
원중**

62

Chapter 2.
광주 소년,
아들 부잣집 장남…
우리가 몰랐던
김원중 이야기

어머니는 밖에서 아들을 기다렸고 함께 귀가했다.

귀가할 때에도 늦지 않게 집에 가는 것이 중요했다. 상근예비역이기 때문에 저녁 시간 이후 집에 대기하고 있다는 것을 전화로 보고하고 확인받아야 했다. 김원중이 상근예비역에서 제대하기 전까지 모든 과정을 어머니가 운전을 하면서 함께 했다.

어머니의 조력은 제대 후에도 계속 이어졌다. 아직도 아들에게 손수 먹을거리를 보내준다. 김원중은 "몸에 좋다는 건 다 보내주신다. 도핑 때문에 한약 같은 것도 잘못 먹으면 안 되니까 생식처럼 먹을 수 있는 좋은 것들을 보내주신다. 언제나 먹을 것을 부족함 없이 챙겨주시고, 나도 몸에 좋은 음식을 먹는 것을 중요하게 생각하니 잘 신경 써서 먹는다"라고 했다.

'생식'은 종류를 가리지 않았다. 어머니는 '몸에 좋은 게 있다'고 하면 산이든 바다든 어디라도 직접 찾아갔다. 산삼을 가져와서 "꼭 몸보신해야 한다"라고 준다. 동생이 "나는 한 번도 준 적 없는데, 맨날 형만 준다"라고 투덜거릴 정도다. 그러면 김원중은 "너는 먹어서 쓸 데가 어디 있느냐"라고 받아친다. 동생의 투덜거림은 어머니와 아버지를 향한 귀여운 '질투'에 가깝다. 늘 그런 장난이 오갈 정도로 화목한 가정의 분위기가 만들어진 건 아버지, 어머니가 김원중을 비롯한 세 아들에게 사랑을 듬뿍 줬기 때문이다.

한 번도 본 적 없는 어머니의 눈물
FA 계약 때도 '머리가 시원해서 좋다'

게다가 어머니는 가장 중요한 것을 하나 김원중에게 물려줬다. 김원중의 큰 키는 어머니에게서 물려받은 것이다. 실제로 어머니가 아버지보다 조금 더 키가 크다. 외가 쪽 친척들이 모두 키가 크다. 외할아버지

야구
선수
**김
원중**

가 180cm를 넘을 정도였다. 그 시절에 180cm가 넘는 사람이 드물었을 텐데 그만큼 유전적인 요소가 컸다.

김원중도 "키는 확실히 외탁을 했다"라고 인정했다. 덕분에 190cm가 넘는 좋은 체격 조건을 갖출 수 있게 됐다. 어머니가 좋은 몸을 물려준 덕분이다.

김원중에게 '어머니의 눈물'에 대해 묻자 지레짐작만 했다. 그만큼 어머니는 한 번도 김원중 앞에서는 눈물을 흘리지 않았다. 한 번쯤 눈물을 보였을 법한 일들이 있었지만 어머니는 항상 김원중 앞에서는 더욱 강한 모습이었다.

김원중은 "어머니는 나 몰래 우셨던 것 같다. 어린 시절 내가 아팠을 때도 그랬고, 내가 프로에 와서 처음으로 자유계약선수(FA) 계약을 했을 때도 그랬다"라고 말했다. FA 계약 후에는 아버지에게 "어머니가 많이 울었다"라고 듣기만 했다. 어머니는 항상 김원중에게 약한 모습을 보여주고 싶지 않아 했다.

어머니는 아들의 FA 계약 소식을 듣고 운 내색 없이 아들이 긴 머리를 깔끔하게 싹둑 자른 것에 대해서만 기뻐했다. 김원중은 "어머니의 첫 마디가 '머리가 시원해서 좋다'였다. '이제 내 아들이 돌아왔구나'라고 진지하게 그러셨다"라고 했다.

가끔 김원중은 어머니의 뒷모습을 볼 때마다 '그렇게 강인해 보이는 어머니에게도 여린 모습이 있구나'라는 걸 느끼곤 한다. 김원중은 "아들 셋을 키우시면서 자연스럽게 억척스러워지시지 않았을까 싶다. 그래서 내가 많이 유하게 풀어드리려고 한다"라고 했다.

어머니를 기분 좋게 하는 방법 중 하나는 '용돈'이다. 남들 다 들고 다니는 명품 백을 하나 장만해 선물하려고 해도 어머니에게는 어떤 가방이 어울릴지 몰라서 차라리 '현금'을 드리곤 한다.

하루는 이런 적이 있었다. '엄마 친구 아들'이 어머니 친구에게 용돈

Chapter 2.
광주 소년,
아들 부잣집 장남…
우리가 몰랐던
김원중 이야기

을 드렸다는 이야기를 접한 것이다. "누구네 아들은 이랬다더라"는 이야기를 어머니도 김원중에게 한 것이다. 어머니의 친구가 받았다는 금액은 대략 300만원 정도의 현금이었다. 회사원 한 달 월급 안팎의 큰 돈을 용돈으로 받았으니 얼마나 자랑을 하고 싶겠는가.

김원중의 어머니도 아들에게 친구와 친구 아들 이야기를 전했다. 김원중은 "가만히 있어 보라"고 했다. 그러고는 바로 더 많은 금액을 어머니의 통장에 넣어드렸다. 무려 한 번에 1,000만원을 넣은 것이다. 한다면 하는 김원중은 어머니에게 그 큰 금액을 바로 보내드렸다. 김원중의 어머니는 그날 아마도 친구들 사이에서 가장 어깨가 높이 올라가지 않았을까?

이렇게 이제는 아들이 충분히 용돈을 드릴 형편이 되었는데도 어머니는 한시도 쉬지 않으시려고 한다. 김원중은 "전업 주부를 하시다가도 적적하신지 일을 나가신다고 한다. 내가 '받으시는 월급만큼 용돈 보내드릴 테니 일하지 말고 쉬시면서 놀러 다니셔라'라고 하는데 어머니는 한사코 거절을 하신다"라고 했다. 이런 말을 하는 아들을 향해 "집에서 바보 상자만 보고 있으면 뭐하냐"라고 말하며 집 밖으로 나간다.

아버지, 어머니, 두 동생, 누구보다 든든한 지원군

불 같은 아버지와 아들의 모든 걸 덤덤히 받아들이는 어머니 사이에서 야구선수 김원중은 자라났다. 그런데 두 분에게서 공통적으로 보이는 비슷한 면이 있다면 작은 것에 일희일비하지 않는다는 것이다. 아들이 경기에서 어떤 결과를 내든 그것에 대해 언급을 하지 않는다. 그날 경기가 졌든, 이겼든, 김원중이 활약했든 부진했든 아무 말도 하지 않는다.

야구
선수
**김
원중**

　김원중도 그런 두 분을 얼마든지 야구장에 초대한다. 일부 선수들은 부모가 경기장에 오는 것을 꺼린다. 반대로 부모가 야구장을 찾지 못하는 경우도 있다. 부모 입장에서는 자식에게 부담이 될까 싶어 차마 직접 눈으로 보지 못한다는 분들도 있다. 혹은 괜히 부모가 야구장을 방문해서 자식에게 유난히 더 부담감을 주게 되어 그날 경기 결과에 영향을 미칠까 하는 노파심도 있다.
　자식의 입장에서도 부모가 와서 자신이 고생하는 모습을 보게 될까 염려하는 경우도 있다. 혹여나 자신이 그날 경기에서 부진했을 때 관중석에서 팬들이 비난이나 욕설이라도 하게 되면 그걸 가족들이 듣는 것이 싫기 때문이다. 이런 이유로 야구선수들의 가족들은 정작 야구장에 가는 것을 꺼리는 경우가 꽤나 많다.
　하지만 김원중은 적극적으로 부모를 야구장으로 초대하는 편이다. 그는 "시간이 날 때마다 어머니, 아버지에게 계속 오시라고 한다. 부산 집에도 초대해서 같이 밥도 먹고 시간도 보낸다"라며 "부모님이 오면 더 플레이가 안 된다는 징크스를 가진 선수들도 있다. 하지만 개인적으로는 아들이 프로야구 무대에서 활약하는 모습을 보려고 그렇게 고생하고 지원했는데 경기장에서 못 보게 하는 건 자식 된 입장으로서 너무 가혹하지 않나 하는 생각이 있다"라고 설명했다.
　김원중의 아버지, 어머니는 적어도 한 달에 한두 번은 '직관'을 하러 온다. 특히 롯데의 광주 원정 경기가 있으면 아버지는 그때마다 아들에게 표를 부탁한다. 아버지로서 아들이 김원중이라는 것을 얼마나 자랑하고 싶을까? 아버지의 요청에 아들은 흔쾌히 응한다. 김원중은 "아버지 친구들과 구단 버스 앞에서 함께 사진도 찍고 그런다"라며 "아버지 친구들이 오시면 최대한 잘 하려고 한다. 저 때문에 다들 KIA에서 롯데로 좋아하는 팀을 갈아타셨다고 한다"라고 했다. 한술 더 떠 친구분들이 식당을 갔을 때 TV에서 KIA 경기가 나오고 있으면 "롯데 경기 틀어

달라"고 말하곤 한다. 김원중의 든든한 지원군들이다.

　김원중의 지원군들은 또 있다. 바로 두 명의 남동생이다. 김원중은 3남 중에 첫째다. 아래 동생들이 각각 세 살 터울로 태어났다. 첫째 동생은 성중, 막내 동생은 희중이다. '중'자 돌림이다. 김원중은 첫째 동생을 '둘째'라고 부르고 막내 동생은 '막내'라고 부른다. 동생들도 야구를 좋아했고 과거 잠시 하기도 했지만 그만두었고 프로에서 선수생활을 하고 있는 건 맏형 김원중밖에 없다.

　일본 오키나와에서의 기억 한 자락이 떠오른다. 스프링캠프 훈련 중이던 김원중은 하루 휴식일을 가졌는데, 누군가와 영상통화를 했다. 영상 통화의 주인공은 바로 막냇동생이었다. 그때 김원중에게 남자 동생이 두 명이나 있다는 것을 처음 알았다. 삼형제 하면 뭔가 서로 무뚝뚝하고 별로 교류가 없을 것 같았는데 영상 통화까지 하는 모습은 다소 의외였고 생소했다. 대화할 때 말투는 말 그대로 '꿀'이 뚝뚝 떨어졌다. 당시 김원중은 "곧 있으면 군대 가야하는데"라며 걱정을 하기도 했다. 그만큼 우애가 깊은 형제다.

오직 컴퓨터 앞에서만 다툰
우애 깊은 세 살 터울 삼형제

　동생들은 야구하는 형을 어떻게 생각했을까? 김원중은 "동생들은 '형은 당연히 운동하는 사람'이라고 생각했을 것"이라고 했다. 어려서부터 형이 집에서 외출했다 돌아오면 '형이 운동을 하고 들어왔구나'라고 생각할 정도로 당연히 '큰 형' 김원중은 이미 동생들에게는 야구선수 그 자체였다.

　동생들이 사춘기가 왔을 때에도 함께 시간을 보내지 못했다. 김원중은 집에 오면 바로 자고, 아침이 되면 새벽같이 나가곤 했다. 일단 형제

야구
선수
**김
원중**

68

Chapter 2.
광주 소년,
아들 부잣집 장남…
우리가 몰랐던
김원중 이야기

중에서 부모로부터 가장 케어를 많이 받은 사람은 김원중이었다. 이렇다 보니 동생들에게는 그만큼 관심을 주지 못했다. 한참 예민한 시기에 잘 돌봐주지 못했던 것에 대해 아버지, 어머니도, 그리고 큰형도 미안함이 크다. 김원중은 "동생이 사춘기가 왔을 때 좀 더 못 챙겨준 것에 대해서 부모님도 그렇고 나도 미안한 게 있다"라며 "그때 내가 둘째를 잘 잡아줬으면 동생도 막내까지 알아서 잘 잡아줬을 텐데 운동을 하고 있으니 그럴 겨를이 없었다"고 했다.

그래도 참 착한 동생들이었다. 삼형제가 한 집에서 살면 집안 살림 한두 개가 거뜬히 부서져도 전혀 이상하지 않았을 법하다. 보통 형제들은 몇 살 터울이든 자라면서 주먹다짐을 한두 번 정도는 한다. 그러나 원중-성중-희중 세 아들은 서로 다 잘 지냈다.

그런데 그 착한 동생들도 형에게 '양보'를 해주지 못할 때가 있었다. 김원중이 운동을 마치고 오면 컴퓨터 자리를 내줘야만 했다. 하루종일 훈련을 받고 온 큰 형이 유일하게 컴퓨터를 하는 시간이었다.

김원중은 "밤 9시에 와서 내가 딱 한 시간만 한다고 하는데 그때 잘 안 비켜주는 거다. 그럴 때면 싸움이 났다"라고 했다. 그럴 때마다 중재하는 역할을 했던 건 아버지였다. 사실상 중재가 아닌 강제 싸움 종료였다. 김원중은 "아버지가 우리를 혼내기도 했다. 그러다가 우리가 좀 심하게 다툴 때는 컴퓨터를 아예 하지 말라고 부숴버린 일도 있었다"고 말했다. 김원중도 키보드로 등짝을 맞기도 했다. 아버지는 아예 싸움의 원인을 원천차단해버린 것이다.

하지만 그 나이 중고생 아이들이 컴퓨터 없이 살 수 있을까. 게임도 해야 하고 친구들과 소통도 컴퓨터로 해야 한다. 아버지는 다음날 바로 새 컴퓨터를 말없이 사다 놓곤 했다. 그 이후로는 삼형제는 자연스럽게 서로 조금씩 양보하면서 큰 다툼 없이 컴퓨터를 하곤 했다.

김원중의 부모는 둘째, 셋째 아들의 응석을 다 받아줄 수 없었다. 둘째 동생이 큰 형을 이기지 못하니 "형이 이랬다"라며 고자질을 하면 오히려 아버지가 달래주기는커녕 혼을 냈다. 형 말이 틀린 것도 아닌데 그냥 듣지, 아버지 어머니를 찾아와서 일러도 되냐는 것이었다. 이렇다 보니 형제들은 서로 잘 지내는 법을 터득했다. 자연스럽게 삼형제의 서열 정리가 된 것이다.

형을 고자질하곤 했던 둘째는 김원중을 따라 야구를 하기도 했다. 삼형제는 모두 키가 컸다. 김원중만큼은 아니지만 동생들도 모두 키가 180cm를 훌쩍 넘겼다. 막내는 첫째, 둘째 형이 야구를 하는 모습을 바라보면서 자랐지만 형들과는 다르게 야구에 큰 흥미는 없었다.

첫째 동생 성중은 형과 같은 학강초등학교를 다녔다. 김원중이 6학년으로 올라가면서 온 가족이 초등학교 근처로 이사를 갔다. 막내 희중은 학강초등학교 병설 유치원을 다녔다. 그러니까 삼형제가 나란히 같은 초등학교를 다닌 셈이다.

성중은 형 원중이 그랬던 것처럼 초등학교 3학년 때 야구를 시작했다. 김원중과 3살 터울이었으니 형은 초등학교 6학년이었다. 초등학교 3학년에게 6학년은 하늘 같은 선배다. 동생 성중은 야구부에서 형이라는 든든한 '빽'이 있었다.

성중의 포지션은 주로 내야수였다. 투수로서도 잘 던지곤 했다. 형의 눈에는 동생에게도 충분히 재능이 있어 보였다. 하지만 형인 김원중이 졸업 후 동성중으로 진학하고, 초등학교에 홀로 남아 야구를 하려니 예전만큼 흥미가 생기지 않았다. 얼마 지나지 않아 동생 성중은 야구를 그만하겠다고 선언했다. 김원중은 "나름 재능이 있었는데 더 오래 할 만큼 야구에 흥미가 없었던 것 같다"고 돌이켜봤다.

만약 동생 성중이 야구를 계속했다면 어땠을까 하는 물음에 김원중은 "좋은 내야수가 됐을 것 같다"라며 "동작도 빠릿빠릿하게 움직이고, 눈치도 빠르고 센스가 있었다. 그런 스타일은 투수보다는 야수가 잘 맞지 않았을까 싶다"라고 했다.

딸 같은 막내, 훈수 두는 둘째
첫째로 나와버린 김원중의 두 동생

반면 막내 동생은 야구에 발을 들이지 않았다. 아들만 둘을 낳았던 김원중의 어머니는 '딸을 하나 갖고 싶다'라는 바람으로 셋째를 가졌다. 그런데 낳고 보니, 또 아들이었다. 그런데 딸을 바라고 가져서 그런지 하는 짓은 정말이지 막내딸 같았다. 형제 중에서 가장 애교가 많다. 딸을 키우고 싶었던 어머니는 막내 희중으로 아쉬움을 달랠 수 있었다.

김원중은 "막내가 집에서 딸 같이 한다. 엄마랑 수다도 떨면서 티키타카가 잘 맞는다. 알아서 청소도 하고, 빨래도 한다. 설거지도 그렇고 집안일을 많이 한다"라고 했다. 막내 동생은 형들이 야구를 하러 가면 아버지, 어머니를 따라가서 같이 보는 수준이었고 특별히 야구에 남다른 관심이 있지는 않았다.

그래서 아들만 셋인 이 집안에서 유일하게 김원중만 야구선수로서의 인생을 이어가고 있다. 동생들은 평범하게 회사를 다니고 있다. 형과는 다른 길을 걷고 있지만 여전히 우애가 깊다.

동생들도 야구장을 곧잘 방문하곤 한다. 김원중이 나중에 알게 된 사실인데, 둘째는 형 몰래 야구장을 와서 형이 등판한 경기를 보고 가곤 했다. 김원중은 "둘째가 야구를 관두고 나서는 정말 아예 야구에 관심이 없었다. 그냥 형도 야구선수 중 한 명이라고 대수롭지 않게 생각했다. 그런데 나한테 말을 안 하고 몰래 종종 보러 왔다고 한다. 아마 형이 부담스러울까봐 조용히 챙겨봤던 것 같다"고 했다.

같은 뱃속에서 나왔지만 둘째와 셋째의 성격은 완전히 달랐다. 둘째는 나름 세심해서 형이 부담스러울까봐 경기를 가서 보겠다는 이야기

야구
선수
**김
원중**

를 하는 것조차 꺼렸다. 반면 막내는 '좋은 게 좋은 거지'라는 스타일이라서 경기가 보고 싶으면 큰형에게 바로 말해 초대를 받을 스타일이다. 실제로 그냥 야구가 보고 싶어지면 형에게 바로 말을 하기도 했다. 하지만 둘째는 형이 야구를 하는 데 방해가 되지는 않을까 부탁도 하지 않고 몰래 야구를 보러 왔다간 것이다.

김원중은 둘째가 자기 몰래 야구장을 왔다는 사실을 나중에 안 뒤부터는 "나는 부담감 그런거 없다. 그냥 와라. 오면 내가 조금이라도 해줄 수 있는 게 있을지도 모르니 언제든 말하고 와라"라고 했다. 그 후로는 둘째도 "형, 나 부산 간다"라고 말하면 사직구장으로 흔쾌히 초대한다. 부산, 광주, 대전 등 동생이 오고 싶다고 한다면 어디든 환영한다.

나름 야구를 좀 했다고 형에게 훈수를 두기도 한다. 김원중은 "'거기서는 이걸 던졌어야지'라고 말하면 나도 반박을 한다. '아, 그래? 이렇게 하면 안 되나'라고 말하면서 장난도 친다"라며 "또 아빠에게도 같이 장난을 친다. 아버지는 아예 운동을 안 해보신 분이지 않나? 알은체를 하면서 서로 장난치는 게 일상"이라고 했다.

큰 형은 야구선수로서의 삶을 이어가고 있고 두 명의 동생은 평범한 사람들의 삶을 살아가고 있다. 큰 형이 야구를 하고, 프로 무대에 데뷔하는 과정을 밟을 때 동생들은 대학교를 졸업하고, 취직을 하는 과정을 거쳐왔다. 살아온 환경이 완전히 다르다. 전혀 다른 세계에 살고 있지만 오히려 그런 환경 속에 있었던 덕분에 더 사이가 끈끈해졌다.

여담 하나, '여동생이 있었으면 좋겠다는 생각을 가진 적 없느냐'라는 물음에 김원중은 고개를 저었다. 대신 "누나가 있었으면 좋겠다고 생각한 적은 있다"라고 말했다.

김원중은 "내가 좋은 사례만 봐서 그런가. 3살 차이 나는 누나가 있다면 내가 18살 때 누나가 21살 아닌가. 그러면 누나가 옷도 사주고 신발도 한번씩 사줄 것 아닌가"라며 자신이 가진 누나에 대한 '환상'에 대해 전했다. 그는 "주변에서 그런 모습을 보면서 누나가 있으면 좋겠다는 생각은 잠깐 해봤지만, 실현 가능한 일은 아니니까. 이미 내가 첫째로 나와버린 걸 어떻게 하나"라며 웃었다.

● REC

Chapter 3.
김원중에겐
뭔가
특별한 것이 있다

RAW

야구
선수
**김
원중**

김원중에게 헤어스타일이란?
프로선수로서의 캐릭터 구축

돌이켜보면 언제나 그랬던 것 같다. 김원중은 헤어스타일에 유달리 신경을 많이 쓰는 선수였다. 프로 무대에 입문한 뒤 초반에 김원중은 항상 실험적인 머리 스타일을 시도했다. 그냥 흑발에 무난하고 깔끔한 스타일을 했어도 괜찮았을 텐데 매번 미용실만 다녀왔다 하면 이상한 스타일로 야구장에 등장하곤 했다.

커트를 좀 특이하게 하거나, 염색으로 컬러를 바꾸거나 이상한 헤어 스타일을 하고 나타나곤 했다. 어쩔 땐 '얼굴 믿고 저렇게 아무렇게나 머리를 멋대로 하는 건가'라는 생각을 할 때도 있었다. 그럴 때마다 항상 물어봤다. 무난한 스타일이 가장 잘 어울리고 제일 멋진데 왜 자꾸 이상한 스타일을 시도하냐고, 한번은 대체 미용실이 어디냐고 물어본 적도 있었다.

김원중이 다니던 미용실은 부산 서면에 위치한 곳이라고 한다. 김원중은 "미용사 헤어 디자이너 선생님이 실험적인 것을 좀 좋아하신다"라고 멋쩍어했다. 그래서 "그럼 그 미용실을, 아니면 미용사 쌤이라도 바꿔보라"고 권유해봤는데 또 하나의 답변이 왔다. "거기에 제 도전 정신도 함께 곁들여져서 그런 거죠."

그렇다. 마냥 미용사의 잘못이 아니라, 고객의 요구도 함께 결합이 되어서 나온 결과였다. 한동안은 그런 자유분방한 스타일을 추구하던 김원중은 어느 순간부터 제법 무난한 스타일로 정착하기 시작했다. 김원중이 팀에서 선발투수로 자리를 잡아가기 시작한 시기였던 것으로 기억한다.

하지만 그건 한때였다. 갑자기 어느 날부터 머리카락을 기르기 시작했다. 그때만 해도 머리를 기르겠다고 이야기하는 게 그냥 농담인 줄

Chapter 3.
김원중에겐
뭔가
특별한 것이 있다

 알았다. 스쳐 지나가듯이 메이저리그 투수 노아 신더가드를 언급하며 "머리 길러서, 탈색하고 염색한 다음 파란 렌즈까지 끼겠다"라고 말하곤 했는데 다행히 그 정도로 과하게 가지는 않았다. 하지만 그의 머리는 계속 자라났다.
 주변에서 '김원중이 머리 기르는 걸 제발 말려라' 하는 말들이 있었다. 김원중과 친한 선수들도 '왜 저러는지 모르겠다'라고 하곤 했다. 하지만 어느 순간부터는 그가 바라는 게 확실히 치렁치렁하게 긴 제대로 된 장발이라는 것을 알 수 있었다. 도저히 말릴 수 없다는 것을 깨달은 안 기자는 김원중의 생일에 헤어 에센스를 선물해줬다. 그것으로 그의 긴 머리를 지지하는 사람이 되어버린 것이다. 그리고 김원중은 KBO를 대표하는 장발의 아이콘이 됐다.
 사실 김원중이 장발이 되기로 결심한 데에는 분명한 이유가 있었다. 김원중이 머리카락을 기르기 시작한 건 2019시즌을 마친 뒤다. 본격적으로 마무리투수를 맡기 시작한 시기와 맞물린다.
 김원중은 2019시즌 후반기부터 불펜투수로 보직을 바꿨다. 8월에는 4경기 중 절반을 구원 계투로 등판했다가 9월에는 9경기에서 모두 중간계투로 마운드에 올랐다. 이때 등판한 9경기에서 9.1이닝 무실점으로 호투하며 마무리투수로서의 보직 전환에 대한 희망을 봤다.
 당시 롯데의 마무리는 손승락이었다. 현장에서는 김원중을 시즌 말부터 경기 후반부를 맡기기 시작한 건 사실상 손승락의 뒤를 이을 선수로 낙점한 것이 아니냐는 이야기가 나오기도 했다. 실제로 그 시즌에는 팀마다 새로운 마무리투수들이 나타나 리그에서 활약을 펼치기 시작했다.
 SK(현 SSG) 하재훈이 투수로 전향한 첫해에 36세이브를 올리며 구원왕을 차지했다. 2위는 LG 고우석(35세이브), NC 원종현(31세이브) 등 마무리투수의 판도가 바뀌고 있는 상황이었다. 하재훈은 1990년생,

야구
선수
**김
원중**

고우석은 1998년생으로 나이차가 있기는 하지만 넓게 보면 1990년대 선수들이었다.

그해 롯데의 기존 마무리투수 손승락이 올린 세이브 개수는 9개로 아쉬운 기록이었다. 팀 세이브는 단 16개에 불과해 10개 구단 중 가장 적은 수치였다. 롯데로서도 다른 팀들과 마찬가지로 마무리투수의 세대 교체가 필요하던 참이었다. 그리고 손승락이 2020시즌을 앞두고 갑자기 은퇴를 선언하면서 마무리 교체가 명백히 필요해졌다.

성공적인 마무리투수 변신을 위해
무엇이라도 변화를 주고 싶었던 마음

단연 김원중이 자리를 맡게 됐다. 이후 김원중은 머리카락을 자르지 않기로 했다. 처음에는 마운드 위에서 강하게 보이고 싶다는 마음에서 머리카락을 기르기로 했다. 김원중은 프로 데뷔 때부터 곱상한 외모를 가진 선수로 유명했다. 2012년 신인 드래프트에서 1라운드 5순위로 롯데의 지명을 받을 때부터 이국적이고 잘생긴 외모로 '한국의 다르빗슈'라는 별명이 붙었다. 그리고 KBO 리그를 대표하는 미남 선수로 손꼽히며 이름을 알렸다.

미남이라는 사실은 분명 신인급 선수에게는 얼굴과 이름을 알리는 계기가 되어주며, 타 업종에서는 긍정적인 점으로 작용하는 면이 크다. 하지만 야구에서는 크게 이점이 되지 않는다. KBO 리그 역사상 미남으로 분류됐던 선수들은 보통 야구 커리어가 쌓이고 기량과 성적이 늘면서 실력과 외모를 맞바꾸곤 했다.

프로야구 팬이라면 누구나 다 아는 유명한 표현으로, 삼성에는 '삼적화'라는 재밌는 말이 있다. 곱상한 외모를 가지고 있던 선수들이 삼성에 오면서 외모가 산적처럼 바뀌게 되어 생겨난 말이다. 그 대신 야구를

야구
선수
**김
원중**

80

아주 잘하게 되어 팬들 사이에서는 오히려 '삼적화'를 반기고 권하는 이들도 있었다.

심지어 야구계에서는 야구를 잘하면 미남으로 보인다는 속설도 있다. 사실 야구뿐만이 아니라 다른 종목이든, 다른 업종이든 본업 자체를 잘하면 뭐든 멋져 보이는 게 사실이다. 당연하다. 그 말은 곧 야구선수에게 중요한 건 외모가 아니라 역시 실력일 것이다.

게다가 팀의 승패를 좌우하는 마무리투수에게 잘생긴 외모는 굳이 필요하지 않다. 마운드 위에 오르자마자 아니 불펜에서 몸을 풀자마자 소속팀 롯데에게는 '오늘은 이긴다'라는 인상을 심어주고 상대팀에게는 '오늘은 이기기 어렵겠다'라는 부담감을 줘야 한다.

'강해 보이고 싶다'라는 마음이, 상대 타자에게 위압감을 주고 싶다는 마음이 머리카락을 기르게 했다. 일례로 삼성의 오승환은 마운드에 오를 때마다 포커페이스로 무념무상의 표정을 보이며 돌부처라는 별명을 갖고 있었다. 오승환이 등장하기 전 하교를 알리는 종소리와 '라젠카 세이브 어스'라는 음악이 함께 나오면 야구장을 찾은 이들은 모두 직감한다. '이제 경기가 곧 끝나겠구나'라고. 그래서 김원중도 머리카락을 기르면서 강한 인상을 주고 싶었다.

김원중은 체격이 크다. 신장이 190cm가 넘고 몸무게도 90kg 후반대에 이른다. 누구 못지 않게 건장한 신체 조건을 가지고 있지만 더 강하게 보이기 위해 피지컬 외에 또 다른 임팩트가 필요했다. 그리고 그가 선택한 것이 바로 장발이었다.

그런데 그 시기가 마침 장발이 '역병'처럼 KBO 리그에 유행으로 번지기 시작했던 때였다. 김원중이 머리카락을 기르기로 한 직전 시즌인 2019시즌이 더욱 그랬다. 단순히 패션으로 꾸미기 위해 기르는 머리카락이 아니라 다들 야구를 잘 하고자 하는 뜻에서 변화를 주고 싶은 마음이 담겨 있었다.

Chapter 3.
김원중에겐
뭔가
특별한 것이 있다

당시 LG 소속이었던 외야수 이형종이 앞장서기 시작했다. 그는 예전부터 '야생마' 이상훈처럼 머리를 기르고 싶다는 꿈을 키워왔다고 했다. 그는 "자신감을 키우기 위해서 길러보고 싶었다"고 머리카락을 기른 이유를 설명했다.

이형종의 논리는 이랬다. 사실 머리를 기르면 팀 내에서도 이런 저런 이야기가 나올 수밖에 없고 주목을 받게 된다. 이형종은 그런 시선을 이겨내고 싶었다. 긴 머리를 해도 남의 시선을 신경 쓰지 않을 만큼의 당당함을 갖고 싶어 머리카락을 길렀다는 게 그가 머리카락을 기른 구체적인 이유였다. 실제로 이형종은 머리를 기르기 시작한 시기에 날카로운 타격감을 자랑했고 머리카락을 휘날리며 그라운드를 누볐다.

KT에서 뛰었던 이대은도 그 시즌 눈에 띄는 장발 선수 중 한 명이었다. 이대은은 우여곡절 끝에 KBO 리그에 입성했다. 미국, 일본 등 해외 무대에서 뛰던 이대은은 경찰청에서 군 문제를 해결했고 2019년 신인 지명을 통해 KT의 선택을 받았다. 뒤늦게 한국프로야구에 입문한 이대은의 '버킷리스트' 중 하나는 머리카락을 길러보는 것이었다. 우연찮게도 이대은은 KT에서 마무리 보직을 맡게 됐고 보직을 굳히는 과정을 겪으면서 머리카락도 자라났다.

NC 배재환도 변화를 주기 위해 선택한 것 중 하나가 머리카락을 기르는 것이었다. 직전 해에 불펜에서 자리를 잡고 있었던 배재환은 머리카락의 길이와 함께 자신의 입지도 조금씩 넓혀가기 시작했다. 또한 조상우(당시 키움)도 장발 열풍에 함께 이름을 올렸다. 조상우 역시 경기의 후반부를 맡아야 한다는 공통점이 있었다.

야구
선수
**김
원중**

트렌드, 의지, 의식, 선행…
유일무이한 장발 투수가 되다

이렇게 보면 머리카락을 기르는 것 자체가 선수들에게 특히 투수들에게 하나의 의지를 다지는 '의식'같은 것일 수도 있다. 김원중도 이런 프로야구의 트렌드를 보고 의지를 다지는 데 적지 않은 영향을 받은 것으로 보인다.

그래서일까? 김원중이 머리카락을 기르기 시작했을 때 나이가 많은 선배들도 그에게 헤어 스타일에 대해 굳이 뭐라고 말할 수 없었다. 이대호 등 연차가 높은 스타 선배들도 김원중이 머리 기르는 것에 대해 전혀 이야기하지 않았다.

그렇다고 김원중이 그 이후로 한결같이 계속 머리카락을 기른 것은 아니다. 2020시즌을 마치고는 머리카락을 한 차례 잘랐다. 1년 동안 기른 머리는 어깨에 살짝 닿을 정도였다. 김원중은 시즌을 마치고 미용실로 향했다. 12월의 어느 날 미용실에서 그간 기른 머리를 싹둑 잘랐다.

소아암 센터에 있는 환우들을 위한 가발을 만들기 위해서 머리카락을 기증하기로 한 것이다. 당시 김원중이 기증하기로 한 곳은 '어머나 운동본부'라는 단체였다. '어머나'라는 이름은 '어린 암 환자들을 위한 머리카락 나눔 운동'을 줄인 말로, 건강한 일반인들에게 머리카락을 기부 받아서 소아암 환아들이 쓸 수 있는 특수 가발을 제작해 기부하는 일을 하는 단체다. 머리카락을 잘라서 택배로 보내면 가발을 제작하는 곳으로 전달된다.

야구선수가 머리카락을 기부한 사례는 김원중이 처음이 아니다. 김광현(SSG)이 2018년 소아암 어린이들을 위해 머리카락을 길러 기부를 한 적이 있다. 당시 팀을 이끌었던 트레이 힐만 감독도 김광현과 함께 머리카락을 잘라 기부에 동참했다.

Chapter 3.
김원중에겐
뭔가
특별한 것이 있다

김원중도 선배의 뒤를 따른 것이다. 좋은 일에 참여도 하고, 머리카락도 잘랐으니 한결 멀끔해진 모습을 팬들이 모두 반겼다. 당시 기자가 쓴 김원중의 이발 소식에 대한 기사에 달린 좋아요 공감수가 하루이틀 만에 2,000개를 넘길 정도였다.

장발 김원중은 이렇게 끝나는 줄 알았으나 김원중은 다시 머리를 기르기 시작했다. 장발 역병이 끝난 후 대부분의 선수들이 머리카락을 자르고 과거 스타일로 복귀한 가운데 김원중은 한 차례 머리카락을 잘라낸 후 다시 새롭게 기르기 시작한 것이다.

이때의 마음도 같았다. 강하게 보이고 싶은 마음에 다시 김원중은 머리카락을 기르기 시작했다. 김원중의 보직은 변함이 없었다. 2020시즌 마무리 보직 후 처음으로 25세이브를 올리며 성공적으로 보직 전환을 했다. 이후에도 김원중은 계속 마무리투수로 뛰게 됐다. 세이브를 쌓아올리는 만큼 김원중의 머리카락도 점점 더 길어졌다.

그 뒤로 김원중은 리그에서 유일무이한 장발의 투수가 되어갔다. 2015년부터 1군 커리어를 시작한 김원중은 팀 내에서 고참급 선수가 아니었다. 선배들에게 눈치가 보일법도 한데 김원중의 의지가 워낙 확고했다. 한번 마음을 먹으면 끝까지 밀어붙이는 김원중의 성격을 팀 내에서도 다 알고 있었을 것이다. 롯데 선배들도 그의 의지가 보였고 김원중의 활약에 따라 팀 성적도 좌우될 수 있기 때문에 헤어 스타일을 두고 지적을 하는 그런 일은 없었을 것으로 예측된다.

다른 팀에서 가끔 조금씩 머리카락을 기르는 선수들은 있었지만 김원중처럼 몇 년 내내 쭉 지속적으로 기르는 선수는 없었다. 게다가 이후에는 마냥 기르는 것이 아니라 다양한 변화를 주기 시작했다. 이전에는 그냥 머리카락을 기르기만 했다면 이제는 제대로 관리를 하기 시작했다. 간혹 머리카락을 기르기 시작한 선수들에게 '김원중 선수처럼 기르는 것이냐'라고 물어보면 "그 정도는 아니다"라고 손을 저었다.

야구
선수
**김
원중**

84

더 포스 넘치고 풍성해진 웨이브 장발
WBC로 해외 팬들에게도 큰 인상

　2022년 초에는 김원중이 보직 전환 후 처음으로 부상으로 개막전을 제대로 맞이하지 못한 적이 있었다. 스프링캠프를 앞두고 늑골 피로 골절 판정을 받아 스프링캠프에 합류하지 못했다. 그리고 재활과 회복을 거친 뒤 5월 1일이나 되어서야 1군 전력에 포함됐다. 그런데 돌아온 김원중은 파마를 한 뒤 그라운드에 나타났다. 복귀를 준비하던 중 파마를 한 그의 모습을 볼 수 있었다. 그냥 장발에서 웨이브진 장발 투수가 된 것이다. 그전까지 생머리였을 때에는 '원중 언니'라는 귀여운 별명이 붙을 정도였는데 파마까지 하니 '포스'가 더 강해졌다.

　김원중의 헤어 스타일은 프로야구를 중계하는 방송사들에게는 좋은 이야깃거리이자 영상 아이템이 됐다. 김원중이 종종 머리카락을 귀 뒤로 넘기는 동작을 할 때마다 놓치지 않고 찍어 슬로 모션을 걸어 공개했다. 장발의 연예인이 시구를 할 때면 김원중을 꼭 함께 비춰주곤 했다. 2023년 10월 1일 삼성전에서는 배우 김지현이 시구를 한 후 고개를 흔들며 찰랑이는 머릿결을 자랑한 적이 있었는데 그 장면에서 바로 김원중의 비슷한 모습을 오버랩하며 내보내 화제가 된 적이 있었다.

　이후 외국인 투수들 중에서도 비슷한 머리 스타일을 한 선수들이 생겼다. LG 외국인 투수 케이시 켈리도 곱슬머리 장발 스타일이었다. 켈리도 한국에 처음 왔을 때는 머리카락이 긴 편이 아니었는데, LG에서 장수 외인으로 활약하면서 점점 더 머리카락이 길어졌다.

　웃지 못할 해프닝도 있었다. 롯데와 LG의 잠실 경기가 있었는데 원정 경기를 마치고 나오는 김원중의 뒷모습을 보고 켈리의 딸이 그를 따라간 일화도 생겼다. 김원중은 구단 유튜브를 통해 이 에피소드에 대해 이야기했다. 김원중은 "켈리의 아기가 내가 아빠와 덩치도 비슷하고 머

야구
선수
**김
원중**

리도 길다보니 뒤에서 따라왔다"라고 말했다.

　보통 잠실구장 1층에는 LG 선수들을 기다리는 가족들이 대기해 있는 경우가 많다. 김원중은 "켈리 선수의 아이가 나를 따라왔는데 아내분이 당황해서 '아빠 아니다'라고 하시더라. 그런 해프닝이 있었다"라고 당시 상황에 대해 직접 이야기를 전해주기도 했다.

　또한 2023~2024시즌 롯데에서 뛰었던 애런 윌커슨도 장발이었다. 윌커슨은 KBO 리그에 처음 발을 들일 때부터 머리카락이 길었다. 윌커슨이 머리카락을 기른 건 사연이 있었다. 윌커슨은 아내가 긴 머리를 좋아해서 기르기 시작했다. 아내가 머리카락을 길러보는 것이 어떻겠냐고 권유했고 윌커슨은 아내의 말을 고분고분 잘 들었다.

　윌커슨은 2024시즌을 앞두고 일본 오키나와에서 열린 스프링캠프에서 "나는 개인적으로는 머리를 짧게 자르고 싶다"라며 속내를 털어놨다. 그러면서 "하지만 아내가 매우 싫어할 것 같다. 아내가 긴 머리를 너무 좋아해서, 내 마음대로 머리를 자르면 나를 죽일지도 모른다"며 웃었다.

　그래서 윌커슨이 롯데에서 뛸 때는 팀에 장발 투수가 둘이나 됐다. 서로의 헤어 스타일이 거의 비슷했다. 장발 투수들끼리 통하는 것이 있었다. 더그아웃에서 '멋진 헤어스타일'이라며 엄지 손가락을 추켜 세워주기도 했다.

　김원중의 장발 스타일이 국제적으로 알려진 일도 있었다. 김원중은 2023년 월드베이스볼클래식(WBC) 대표팀에 합류했다. 김원중 개인적으로는 처음으로 성인 국가대표팀에 합류하게 되는 영광을 안은 중요한 대회였다.

　그런데 김원중이 마운드에 등판하자 일본 네티즌들이 들썩였다. 일본에서는 보기 드문 장발의 투수였고, 다른 국적의 선수도 아닌 한국인 투수가 머리카락을 길게 기른 모습을 보고 관심을 표한 것으로 보인다.

당시 "헤어스타일이 대단하다", "푸들 같은 스타일을 가진 선수가 나왔다"라고 말했다. 가장 압권인 반응은 "대머리들이 싫어할 투수"라는 댓글이었다.

김원중 역시 이와 같은 일본 야구팬들의 반응에 재미있어 했다. 그해 WBC는 1라운드 탈락이라는 아쉬운 결과를 낳았지만 김원중은 일본 오사카에서 열린 두 차례 연습경기 그리고 대회 개막 후에는 호주, 일본, 그리고 체코전까지 쉼 없이 마운드에 오르는 열정을 선보였다.

김원중의 시그니처가 된 장발
FA 계약과 동시에 4년 만에 싹둑

이밖에도 장발에 관한 에피소드는 수도 없이 많다. 2023년 5월 초 롯데 구단에서 선수들에게 다이슨 에어랩 컴플리트 롱 혹은 애플 에어팟 맥스 등의 제품을 사기 증진 차원에서 선물로 제공한 적이 있었다. 그런데 다음날 김원중이 찰랑한 머릿결을 하고 더그아웃에 앉아 있는 모습을 보이자 '김원중이 에어랩을 사용한 것이 아니냐'는 팬들의 이야기가 나왔다.

선수단은 헤어스타일 관리 제품과 에어팟 맥스 둘 중에 선택을 할 수 있었다. 김원중 역시 지인들에게 이에 대해 연락을 많이 받았다. 김원중은 "왜 다들 그런 걸 궁금해하는 건지 모르겠다"라며 무엇을 골랐는지 묻는 말에는 "비밀"이라고 답했다. 아직까지 진실은 밝혀진 바가 없긴 하다.

이후에는 장발이 그의 상징이 됐다. 롯데가 9회를 앞두고 세이브를 달성할 수 있는 요건이 마련되면 김원중이 마운드로 머리카락을 휘날리며 나오곤 했다. 마시던 생수병을 던지면서 마운드까지 빠르게 뛰어 올라갔다. 그에게 "왜 항상 마운드로 뛰어가는 것인가"라고 물으니 "그

야구
선수
**김
원중**

냥 빨리 올라가고 싶어서"라고 대답했다. 경기를 빨리 끝내고자 하는 의지가 담겨 있는 행동이었다.

　김원중은 머리카락을 기르면서 여성의 고충을 알게 되었다고 종종 말하곤 했다. 여성들이 어떻게 머리카락을 기르고 얼마나 힘들게 관리하고 유지하는지 자신도 몸소 체험하면서 잘 알게 된 것이다. 종종 "여성분들이 정말 대단하게 느껴진다"라고 말해왔다.

　머리카락을 감고 말리는 데에도 짧은 머리보다 몇 배로 시간이 많이 걸리고 잘 때도 베개에 머리카락을 한 쪽으로 치워놓고 자야 하는 일상에 대해 공감했다. 경기에 나서는 시간이 아니면 머리카락을 묶곤 했는데 그냥 묶는 게 아니라 말아서 위로 묶는 '똥머리' 스타일을 유지하곤 했다.

　2021년부터 다시 기른 머리는 2024년까지 계속됐다. 4년 동안이나 머리카락을 길렀으니 처음 1년 동안 길렀을 때보다 훨씬 더 길어지면서 어깨라인을 완전히 넘어섰다. 거기에다 파마까지 했으니 기른 길이가 상당했다. 어깨 라인에서 가슴, 등 가까이 되는 길이까지 머리카락이 길었다.

　그렇게 기른 머리를 다시 한 번 싹둑 시원하게 자르게 된 건 2025시즌을 앞두고 자유계약선수(FA) 계약으로 롯데 잔류를 결정하면서다. 2024시즌을 마치고 김원중은 프로 데뷔 후 처음으로 FA 자격을 얻었다. 리그 전반적으로 불펜 투수가 귀했기 때문에 김원중 역시 최대어 중 한 명으로 꼽혔다.

　여러 구단의 좋은 제안이 있었지만 김원중의 고민과 선택은 오래 걸리지 않았다. 2024년 11월 김원중은 롯데 잔류를 택했다. 자신을 높이 평가해준 다른 팀의 제의도 고마웠지만 그는 롯데에 남았을 때의 명분, 의미, 상징성이 더 크다고 생각했다.

　계약서를 쓰러 가기 전날 미용실에 가기로 했다. 김원중이 머리카락

Chapter 3.
김원중에겐
뭔가
특별한 것이 있다

을 자르는 장면은 거의 구단의 역사에 남는 순간이기도 했다. 구단 자체 유튜브팀이 출동해 김원중이 머리카락을 자르는 장면을 실시간으로 담았다. 그가 머리카락을 자르기로 한 건 처음 롯데에 입단해서 프로선수로서의 커리어를 시작한 그때의 초심을 다시 떠올리기 위함이었다.

머리카락을 자르게 되자 신수가 훤해졌고 주변 사람들이 모두 반겼다. 김원중은 짧게 자른 깔끔한 머리와 단정한 수트 차림으로 계약서에 사인을 했다. 이 장면을 담은 사진은 계약 후 구단의 공식 보도자료에도 함께 게재됐다.

다시 짧아진 김원중의 헤어 스타일을 반긴 건 팬들만이 아니었다. 줄곧 장발을 반대해왔던 김원중의 어머니가 그 누구보다 제일 반기며 기뻐했다. 김원중도 주위의 이런 시선을 잘 안다. 그러면서도 김원중은 분명히 여지를 남겼다. "앞으로 또 기를 수도 있다"고.

물론 아직도 김원중의 장발을 그리워하는 사람들도 있다. TV 예능프로그램 '전지적 참견 시점'에 출연한 배우 최다니엘이 롯데 경기에 시구를 하러 간 적이 있었는데 그가 김원중에게 가장 먼저 물어본 질문이 "머리카락을 왜 자르셨냐"였다. 그만큼 김원중에게 장발은 떼려야 뗄 수 없는 시그니처 그 자체였다.

'야생마' 이상훈 뒤이은 김원중 그리고 KBO에서 끊긴 장발 계보

김원중이 장발 선수 대열에서 스스로 물러나면서 이제 KBO 리그에 얼마 남지 않은 장발 투수들이 거의 다 사라진 듯하다. 하지만 아직도 조금씩 머리를 기르고 있는 선수들이 있다. 야구모자 아래로 조금씩 머리카락을 기른 선수들의 뒷머리가 보인다.

야구
선수
김
원중

간혹 머리카락을 기르는 선수들이 눈에 띄지만 아직 누구도 김원중만큼 기르지는 않았다. 그만큼 길게 기르고 유지하는 것이 얼마나 어려운지 누구나 다 잘 알기 때문인 것 같다.

간혹 머리를 기르고 싶어하는 호기심 많은 후배들이 종종 김원중에게 '헤어 관리법'에 대해 물어보곤 한다. 그때마다 김원중은 '자주 찾는 질문'의 답변처럼 준비한 답을 내놓는다.

가장 많이 물어보는 질문은 '몇 년 길러야 그만큼 길어질 수 있느냐'다. 김원중은 "4년 정도 길러야 이 정도 길이까지 기를 수 있다"라고 했다. 곱슬한 헤어스타일을 보고 "파마도 하신 것이냐"라고 묻는 후배들도 있다. 그러면 김원중은 "파마를 한 거다. 얼마나 신경 쓴 스타일인 줄 아느냐"라고 해준다.

Chapter 3.
김원중에겐
뭔가
특별한 것이 있다

다음으로 가장 많이 받는 질문은 '하루에 몇 번 머리를 감느냐'는 물음이다. 김원중은 "하루에 한 번, 아니면 두 번 정도 감는다. 긴 머리카락을 가진 여성분들과 비슷하다고 보면 된다"라고 답했다.

여기까지 답변을 해주면 '그러면 머리를 다 말리는 데는 시간이 얼마나 걸리느냐'라고 물어본다. "머리카락을 다 말리고 준비하는 시간이 거의 30분은 걸리는 것 같다. 그전에는 5분에서 10분 정도 걸렸는데"라고 말하고 나면 다들 이미 머리카락을 기를 생각이 완전히 사라져 있다. 답변을 들은 다른 선수들은 "저는 못할 것 같다"라든가 "나는 땀이 많아서 안 될 것 같다"라며 '장발 스타일'에 대한 호기심을 접는다.

KBO 리그도 야구 문화가 다소 보수적인 곳이라 메이저리그만큼 장발 투수들이 많지 않았다. 과거 구단마다 특유의 엄격한 팀내 상하 문화가 익히 알려져 있었다.

이런 문화가 기본적으로 깔려 있었기 때문에 장발은 상상할 수가 없었다. 지금은 김원중이 대표적인 장발 투수로 자리를 잡았지만 이전에는 더욱 장발 투수가 많지 않았다. 그럼에도 장발의 대명사였던 투수가 있었으니, 바로 '야생마' 이상훈이었다. 그 시절에는 프로야구에도 소위 말하는 '군기'가 있던 시절이었기 때문에 이상훈의 행보는 독특했다.

그동안 한국프로야구에서는 헤어 스타일에 변화를 주는 건 기르는 것보다는 깎는 게 더 많았다. 머리카락을 기르는 데에는 오랜 시간이 걸리지만 자르는 건 단시간에 충격을 주기에는 더 좋았다. 팀이 연패에 빠지거나 분위기 전환을 위해서 개인적으로 혹은 몇몇이 함께 아니면 팀 전체가 삭발을 하는 일이 있었다. 선수단 전원이 머리를 밀고 그라운드에 나서는 일도 종종 그리 드물지 않게 있었다. 그만큼 결연한 의지를 다지는 데에 '머리'가 활용됐다.

하지만 이상훈의 긴 머리카락은 그의 자유분방한 스타일과 스타성 그 자체를 나타냈다. 그가 머리카락을 기르기 시작한 계기에 특별한 이유는 없었다. 한 인터뷰에서 그는 그저 남이 자신의 머리카락을 만지는 게 싫었고 그러다 보니 미용실을 자주 가지 않게 되어 자연스레 길이가 길어졌다고 밝힌 적이 있다. 계기에 별다른 뜻이 있었던 건 아니지만 이상훈은 프로야구를 대표하는 장발 투수로 아이콘이 되었고 아직까지도 그 이름을 남기고 있다. 그를 선망의 시선으로 바라보며 야구선수의, 투수의 꿈을 키운 이들도 적지 않았다.

그리고 한참이 지나 김원중이 계보를 이었지만 그가 FA 계약을 계기로 다시 머리카락을 자르면서 그 계보는 당분간 끊기게 됐다. 이러나저러나 장발 투수는 한국프로야구에서 주목을 받게 되는 것이 사실인 것 같다.

프로야구 역사 긴 미국, 일본에서도 결코 흔하지는 않은 장발 선수들

우리보다 훨씬 더 긴 역사를 가진 일본프로야구에서도 장발 투수를 보는 것이 어렵다. 일례로 일본에서 최고의 명문구단으로 꼽히는 요미우리는 수염과 장발을 금지하고 있다. 요미우리가 대표적이지만, 요미우리 한 구단만 그런 것이 아니다. 일본프로야구 전체적으로는 복장에 대한 규율이 엄격하다.

물론 그런 분위기 속에서도 '기행'과 '일탈'을 저지르는 선수들이 있었다. 한 마디로 일본프로야구에서는 노멀한 사고를 가진 선수는 머리카락을 기를 생각 자체를 거의 하지 않는다는 뜻과도 같다.

한신에서 뛰었던 투수 이가와 게이는 특별한 이유로 머리카락을 기르기 시작했다. 2003년 개인 12연승을 기록했는데 연승 행진이 끊기고 싶지 않아 머리카락을 길렀다고 한다. 나중에는 머리카락이 너무 치렁치렁 길어져 감독이 이제 그만 자르라고 했는데도 말을 듣지 않았다

Chapter 3.
김원중에겐
뭔가
특별한 것이 있다

고 한다. 팬이 이발비를 동봉하여 팬레터를 보냈을 때에도 짧게 커트하며 성의 정도만 보였다.

평소 기행을 즐겨하던 이가와는 자신이 좋아하는 애니메이션 <명탐정 코난>의 성우가 결혼하자 그 충격으로 경기에서 부진해 2군행을 통보받기도 했다. 이 정도의 '기행'을 일삼는 선수는 되어야, 그리고 당연하지만 어느 정도 내세울 만한 실적을 갖고 있어야 머리카락을 기를 수 있었다는 게 당시 일본프로야구의 분위기였다. 훗날 이가와는 2006년 뉴욕 양키스에 입단할 때에도 머리카락을 자르지 않아 원성을 샀다.

강타자 오가사와라 미치히로도 닛폰햄에서 뛰던 시절에는 치렁치렁한 장발을 자랑하곤 했다. 그러나 요미우리로 이적 후에는 단발을 싹둑 잘라 눈길을 끌었다. 요미우리는 그를 영입하기 위해 '수염을 길러도 좋다'라는 전제 조건을 붙이기도 했지만 머리카락만은 뜻대로 용인해줄 수 없었다.

이밖에 일본프로야구에서 머리 좀 길러봤다 싶은 선수들은 크게 두 부류로 나뉜다. 실력이 엄청나게 좋거나 구단의 방침을 뛰어넘을 만큼 자신의 개성이 강한 선수들이었다. 이런 선수들은 시간이 많이 지난 후에도 두고두고 회자되곤 한다.

미국프로야구는 한국, 일본에 비하면 그래도 장발 선수들을 종종 어렵지 않게 볼 수 있다. 2010년대 초반 메이저리그를 주름잡았던 팀 린스컴이 대표적이었다. 샌프란시스코의 부흥기를 이끌었던 린스컴은 2007년 빅리그에 데뷔하자마자 이목을 끌었고 2008년과 2009년, 2년 연속 내셔널리그 사이영상을 수상했다. 특히 2008년부터는 3시즌 연속 내셔널리그 삼진 1위를 차지했다. 또한 2008년부터 2014년까지 두 자릿수 승수를 기록했다.

이렇게 어마어마한 성적을 낸 린스컴은 장발 헤어스타일로 유명했다. 신장 180cm에 70kg 후반대의 체중으로 메이저리그 투수 치고는

야구
선수
**김
원중**

왜소하다고 할 정도의 작은 체격을 가지고 있었지만 역동적인 투구폼과 긴 머리로 이목을 한 몸에 끌었다.

역동적인 투구폼 탓인지 전성기가 오래가지 못하고 갑자기 내리막을 걸었고 2012시즌을 마치고는 머리카락을 자르면서 장발 스타일도 정리했지만 린스컴은 아직도 긴 머리를 멋지게 휘날리며 역동적인 피칭으로 인상적이었던 투수로 기억되고 있다.

타자 중에서도 긴 머리 스타일을 가진 선수가 있었는데 이들은 대부분 머리카락을 내추럴하게 그냥 길렀다기보다는 레게 스타일을 선호했다. 대표적인 예가 매니 라미레즈다. 보스턴 레드삭스가 '밤비노의 저주'를 깨는 데 앞장선 강타자. 라미레즈 하면 떠오르는 시그니처 요소들이 있는데 낡은 헬맷과 어깨 아래로 내려오는 레게 스타일이 단연 돋보였다.

레게 스타일 헤어는 메이저리그에서도 종종 볼 수 있었던 스타일이었다. 핸리 라미레즈나 앤드류 매커친도 비슷한 헤어스타일을 하고 타석에 섰다. 사실 그냥 머리카락을 기르는 장발에 비하면 레게 머리는 머리카락을 온전하게 기른 것이라고 볼 수는 없다. 레게 머리를 만들 때에는 기존 헤어에 연장 헤어를 붙이기도 하고 기존 머리카락을 땋아 내리는 방식으로 하기 때문에 엄연히 말하면 장발보다는 특수 헤어스타일에 가깝다.

우리가 생각할 때 미국 선수들이라면 다들 자유분방하게 개성을 살려 자신만의 헤어 스타일을 추구할 것 같지만, 사실 미국에서도 정말 제대로 된 장발, 과거 김원중 수준의 긴 머리는 그리 많지 않다. 김원중이 파란 렌즈 끼고 따라하겠다던 노아 신더가드가 대표적인 장발 투수 중 하나다. 제이콥 디그롬 역시 긴 곱슬머리 스타일을 고수했다.

신더가드는 한때 메이저리그에서 가장 빠른 공을 던지는 투수로 불리기도 했다. 금발에다 머리카락을 치렁치렁하게 길렀고 엄청나게 빠른 공을 던진다고 해서 할리우드 영화 〈어벤저스〉의 캐릭터 '토르'가 별명으로 붙었다. 실제로 신더가드는 자신의 별명대로 할로윈 파티 때 토르 복장을 한 적이 있는데 꽤 잘 어울려서 호평을 받기도 했다.

신더가드와 함께 리그를 대표하는 강속구 투수로 2년 연속 사이영상을 받았던 디그롬은 2017년에는 머리카락을 싹둑 잘라 팬들이 오히려 실망하는 목소리를 내기도 했다. 당시 디그롬은 구속을 조금이라도 더 끌어올리기 위함이라는 이유를 밝히기도 했다. 이밖에 조시 헤이더 등 장발 투수들이 우후죽순 나왔다. 그러나 이들이 야구 인생 평생에 걸쳐 머리카락을 길게 기른 것은 아니다. 몇 년 기르다 잘라버리는 경우가 대부분이었다.

대체 왜 그렇게까지 장발과 수염이 문제가 되고 논란이 되는가?

미국 잡지 '피플'은 2019년 메이저리그 선수들의 장발 유행을 집중 조명한 적이 있다. 이 매체는 "과거 미국프로농구(NBA) 선수들이 패션에 민감했는데 메이저리그 선수들도 이제 유행에 적극적으로 나서고 있다"라며 선수들이 머리카락을 기르기 시작한 이유에 대해 전했다.

실제로 NBA 선수들은 농구장에 출퇴근할 때 패션에 대해 따로 평가를 받곤 한다. 해당 경기의 중계방송사가 그 선수가 어떤 사복 패션을 자랑하는지 직접 영상을 통해 보여준다. NBA에는 품위 유지 조항이 따로 있기 때문이라는 분석도 있다.

패션 외에도 이들이 장발을 하는 이유는 또 있다. 한국에만 미신 같은 샤머니즘이 있는 게 아니었다. '징크스'처럼 머리카락을 기르고 나서 야구가 잘 되면 계속 같은 스타일을 고수하게 되는 것이다. KBO 리그는 한 시즌 동안 팀당 144경기를 치르는 대장정을 이어간다. 메이저리

야구
선수
**김
원중**

98

그는 그보다 더 긴 162경기를 치른다. 게다가 매 경기가 승부의 촌각을 다툰다. 무승부도 없다. 이런 상황에서 믿을만한 부적이 필요하다. 긴 머리카락은 선수에게 안정감을 주는 표식 중 하나가 되는 것이다.

또한 2020년 김원중이 했던 것처럼 기부를 위해서 머리카락을 기른 선수들도 있었다. 앤드류 매커친은 자신이 기른 머리카락을 경매에 내놓았고 이에 대한 수익금을 피츠버그 구단이 후원하는 단체에 기부하기도 했다.

다만 이렇게 자유로운 분위기 속에서도 엄격한 팀이 있다. 뉴욕 양키스는 메이저리그 전체의 분위기와 다르게 매우 드물게도 선수의 용모에 대한 규정이 있었다. 1973년 양키스를 인수한 선대 구단주인 조지 스타인브레너가 3년 뒤부터 머리카락과 수염을 기르지 못하도록 하는 규정을 도입했다. 스타인브레너에게는 '보스'라는 별명이 있었는데, 별명에 부합하기라도 하듯 구단 내에 이런 규정을 만들었다.

물론 당시에는 반발도 적지 않았다. 구단 전체에 단발령을 내렸고 머리카락이 조금이라도 어깨 언저리에 가기라도 한다면 명단을 적어 구단 쪽에서 감독에게 전하기도 했다. 그 누구보다 승리에 대한 간절함이 있기에 이런 규정까지 만들어 선수들을 통제한 것이 아니냐는 해석도 있었지만 찬반이 뜨거웠다.

이 규정은 스타인브레너가 팀을 떠나고 2010년 사망한 뒤에도 팀에 그대로 남아 전통처럼 유지되었다. 그러나 양키스는 2025년 달라졌다. 2월 22일 조지의 아들 할 스타인브레너 양키스 공동 구단주가 선수들이 수염을 기르는 것을 허용한다고 했다. 수염 규정 때문에 좋은 선수들을 많이 놓친 사례가 있었기 때문이다. 2013년에 마무리투수 브라이언 윌슨의 영입을 시도했지만 수염에 대한 터치 때문에 실패한 것으로 전해졌다.

양키스에 입단하려면 누구든 멀끔한 모습으로 변모해야 했다. 게릿

Chapter 3.
김원중에겐
뭔가
특별한 것이 있다

콜, 카를로스 로돈은 물론 2010년 양키스에 합류한 '코리안 특급' 박찬호 역시 이발과 면도를 깔끔하게 한 뒤 미국 현지에서 진행된 양키스 입단 기자회견에 참석한 일이 있었다. 시간이 지나 수염에 대한 것은 조금 완화됐어도 머리카락에 대한 규정은 그대로 유지됐다. 시대의 흐름에 맞춘다는 의도는 있었지만 아무래도 머리카락까지는 넓히기는 어려웠나 보다.

장발은 투수에게 더 잘 어울린다
비주얼뿐만 아니라 기능적으로도

타자보다는 주로 투수들에게 장발이 많다는 점도 특이점이다. 타격할 때 자세를 취하고 볼을 보면서 스윙을 할 때 긴 머리카락이 다소 걸림돌이 될 수 있으나 투수는 상대적으로 시야나 모션에 방해되는 것이 적은 느낌이기에 더 긴 헤어스타일을 유지할 수 있는 것 같다.

타자에 비해 투수는 움직임이 적은 편이다. 주로 마운드 위에 서 있고 백업 수비를 들어가더라도 내야 안쪽에서 움직이는 정도다. 그렇기 때문에 머리카락을 길게 기르더라도 크게 방해되는 요소는 없다. 앞서 언급한 한국과 외국의 사례를 봐도 장발 선수들은 대부분 투수 포지션임을 알 수 있다.

그런 이유로 김원중 역시 투수이기 때문에 타자보다는 별다른 영향 없이 머리카락을 기를 수 있었던 게 아닐까 싶다. 과학적으로 검증된 사실은 아니지만 투수가 던질 때 휘날리는 머리카락 때문에 타자들이 제대로 대처하지 못하는 경우도 있다고 한다.

실제로 2019년 'MLB 네트워크'에서는 당시 밀워키에서 뛰었던 조시 헤이더의 투구 스타일을 분석하며 그의 장발이 '디셉션'을 더욱 강하게 만드는 요소라고 분석하기도 했다. 헤이더가 투구할 때 왼손이 머리 뒤

야구
선수
**김
원중**

100

쪽에서 나오곤 하는데 찰랑거리는 머리카락이 이를 가려 타자들이 대처가 늦어진다고 분석했다.

아직도 장발에 대해서는 편견이 있다. 김원중은 '머리카락이 길면 투구를 할 때 방해가 되지 않느냐'는 물음을 종종 받는다. FA 계약을 하며 머리를 잘랐을 때에도 '구단이 계약을 할 때 머리카락을 자르는 것을 따로 요구한 것이 아닐까' 하는 추측이 있었다. 2025시즌부터는 피치 클록이 본격적으로 시행됐기 때문에 이런저런 연유로 계약을 하면서 머리카락을 잘라야 했던 것이 아니냐는 말도 나왔다. 그는 이런 '썰'들에 대해 "절대 아니다"라고 잘라 말했다.

오히려 장발 덕분에 얻은 것이 더 많다고 했다. 김원중은 "불편함보다는 마운드에 있을 때 기세나 기운, 분위기 그런 것들에서 풍기는 아우라나 이미지가 있기 때문에 작은 불편함 정도는 감수할 만한 시도였고 도전이었다"라고 말했다.

실제로 프로야구선수들에게는 그 선수의 이름을 떠올리면 바로 연상이 되는 '이미지'와 '캐릭터'가 필요하곤 한다. 리그를 대표하는 거포 중 하나였던 이대호는 압도적인 피지컬에서 비롯된 '빅보이'라는 닉네임이 있었고, 국가대표팀에서의 활약상을 바탕으로 '조선의 4번타자'라는 타이틀이 붙기도 했다. 이대호가 타석에 들어설 때 보이는 아우라는 이대호만이 가지고 있는 것이었다.

그런 점에서 김원중에게 장발은 그만의 고유한 분위기를 풍길 수 있는 좋은 수단 중 하나였다. 무엇보다 머리를 기르는 동안 꾸준히 좋은 실적을 쌓아갔고, 롯데 팬들을 넘어 타 구단을 응원하는 팬들 그리고 WBC 대표팀을 통해서 한국뿐만 아니라 일본 등 해외 야구팬들에게도 주목을 받았다. 그래서 어찌 보면 김원중은 훗날 다시 장발이 될 수 있다는 가능성을 자신에게, 팬들에게 열어둔 것일 수도 있다.

Chapter 3.
김원중에겐
뭔가
특별한 것이 있다

헤어 스타일 못지 않게 중요한
글러브와 스파이크 깔맞춤

   장발에 가려져서 다른 것들이 잘 보이지 않을 수 있지만 김원중이 나름대로 많은 신경을 쓰고 있는 부분이 하나 더 있다. 팬들이 알고 있는지 모르겠지만, 그를 열렬히 좋아하고 아끼는 팬들을 알 수 있을 거다. 야구를 비롯해 프로 스포츠, 팀 스포츠 선수들은 모두 유니폼을 입고 경기를 뛴다. 똑같은 옷을 입고 있기 때문에 자신의 존재를 의상으로 드러내기에는 힘들다. 선수들을 구분하는 방법은 유니폼 뒤에 크게 박힌 등번호 숫자와 조금 작게 박힌 이름 정도다.

   축구, 농구, 배구, 핸드볼 등 다른 구기 종목들은 맨몸으로 뛰는 스포츠이기 때문에 자신의 개성을 표출할 수 있는 수단이 한정되어 있다. 헤어스타일로 자신만의 개성을 드러내거나 신고 있는 신발에 디자인이나 컬러 등 변화를 주며 관심을 쏟는다. 일례로 축구에서는 선수들이 축구화에 가족들을 향한 사랑을 담은 글을 적거나 그림을 그려 넣기도 한다. 경기에 임할 때의 마음가짐이 메시지와 그림에 담겨 있다.

   반면 야구는 여러 장비, 도구를 이용하는 스포츠다. 야외에서 경기를 하기 때문에 스포츠 고글을 쓰는 선수들도 많다. 타자들은 공격할 때는 배트를 쓰고, 야수로 수비에 임할 때에는 글러브를 쓴다. 투수들도 글러브를 사용한다. 이런 장비들은 유니폼과 달리 천편일률적이지 않고 각자의 선택지가 있다. 물론 기능성이 최우선적인 고려 요소이지만, 장비들을 이용해 자신만의 색깔을 드러낼 수도 있다.

   그 중 대표적인 것이 글러브다. 김원중 역시 글러브를 고를 때에는 하나하나 꼼꼼히 신중하게 고른다. 투구를 할 때 자신에게 잘 맞는 최적의 글러브를 찾는 것이 무엇보다 중요하지만 글러브의 색상 역시 신경 써서 고려하는 요소 중 하나다.

야구
선수
**김
원중**

김원중은 2019년부터 한국 미즈노와 후원 계약을 통해서 미즈노의 글러브를 사용하고 있다. 첫해에는 일본의 글러브 장인으로 50년 가까이 글러브를 만들어온 키시모토 코사쿠 씨가 직접 제작한 글러브를 사용했다. 김원중은 보통 글러브와 함께 스파이크의 색깔을 통일시키는 쪽으로 고르곤 한다. 그는 "투수는 포인트를 줄 수 있는 방법이 글러브나 스파이크밖에 없다. 그래서 웬만하면 두 개를 깔맞춤하려고 한다"라고 했다.

'깔맞춤'이라고해서 완전히 같은 색상으로 통일한다기보다는 포인트가 되는 색깔을 같은 계열로 맞추곤 한다. 그의 말을 듣고 김원중의 사진을 찾아봤더니 실제로 매 시즌 글러브와 스파이크에 조금씩 변화를 줬다. 김원중은 2025시즌에는 검정색 글러브를 쓰는데, 핑크색이 포인트 컬러로 들어가 있다.

2024년에는 파란색 글러브를 사용했고 스파이크도 같은 색깔로 매칭했다. 2022년에는 파란색 글러브와 노란색 글러브를 썼다. 2021년에는 브라운 계열의 탄색 글러브를 주로 썼다. 스파이크에도 조금씩 변화를 줬다. 글러브 색상과 통일하기도 하고, 검정색에 빨간색 포인트가 있는 스파이크를 신는 등 지속적으로 변화를 줬다. 마운드에 올라서기까지 많은 부분들을 고려하고 있음을 알 수 있는 부분이다.

그라운드 안팎에서 보여주는 퍼포먼스
야구선수 김원중만의 특별한 아이덴티티

야구선수들이 그라운드에서 선보이는 활약을 흔히 '퍼포먼스'라고 칭한다. 퍼포먼스의 다른 뜻은 자신이 표현하고자 하는 관념 등을 구체적으로 보여주는 행위이다. 김원중이 길렀던 머리카락, 그리고 글러브나 스파이크 등의 장비, 마운드 위에서 보여준 모든 동작들이 야구를 보러 온 관중을 위한 퍼포먼스였던 것이다. 이런 생각들의 결정체가 마운드에서 나오기 때문에 많은 팬들이 선수 김원중의 매력에 환호하는 것이 아닐까?

그렇다면 평소 야구장 밖에서의 스타일은 어떨까. 김원중의 표현을 빌리자면 옷장 안이 온통 검은색투성이다. 롯데 팬들 사이에서 유명한 '짤'이 있다. '김원중 패딩'이라고 포털 사이트에 검색해보면 나오는 사진들이다. 사진 속 김원중은 검정색 경량 패딩을 '주구장창' 입고 있는 모습이다. 대부분의 사진들이 팬들에 의해 포착된 것이었는데 모두 같은 옷을 입고 있다.

팬들의 일관된 후기들도 쏟아졌다. 한 팬은 롯데의 숙소를 찾아가 선수들을 본 후기를 올렸는데 그곳에서조차 김원중이 '그 패딩'을 입고 있었다고 했다. 이 사진을 본 팬들은 한결같은 그의 모습에 친근함까지 느꼈다. 실제로 김원중은 팬들에게서 "왜 오늘도 그거 입으셨어요?"라는 질문도 참 많이 들었다.

이런 질문이 김원중의 단벌 신사 욕구를 더 당겼다. 김원중은 "내 스타일 알지 않나. 사람들이 계속 그렇게 이야기하니까 나도 똑같이 보여주고 싶었다. 그래서 1년 동안 같은 머리 스타일을 하고 패딩도 계속 입었다"라고 말했다.

김원중에 대해 잘 아는 사람들은 다 알고 있듯이 그는 한다면 하는 선수다. 계속 패딩으로 화제가 되고 팬들이 옷차림에 대해 이야기하는 일이 많아지니 한번 바꿔볼까 하는 생각이 들기도 했지만 그보다는 그냥 1년 동안 계속 내내 똑같은 모습을 보여주고자 하는 묘한 마음이 더 커졌다.

당시 입었던 경량 패딩은 백화점에서 세일하는 제품을 저렴하게 구입한 것이었다. 등산 브랜드로 유명한 B사 제품이다. 김원중은 "당시 롯데 백화점에서 10만원 정도 주고 샀다. 간절기에 간단하게 잘 입고 다

야구
선수
**김
원중**

104

Chapter 3.
김원중에겐
뭔가
특별한 것이 있다

105

녔다"라고 했다. 저렴하게 구입해서 거의 뽕을 뽑을 듯이 입고 다녔다.

해당 패딩을 주로 입고 다녔던 시기는 2018년 비시즌이었다. 김원중이 선발투수로서 1군에서 자리를 잡아가고 있던 시기였다. 팀의 관리를 받으면서 시즌을 소화하던 때였고, 본격적으로 선발 로테이션을 돌면서 자신만의 루틴을 만들어가는 과정이었기에 이런저런 제약도 많을 수밖에 없었다.

그나마 야구장 밖에서의 사복 패션 스타일은 비교적 저연차 선수였던 김원중이 자유롭게 할 수 있는 부분이었는데 패딩에 대해서도 자꾸 '지적 아닌 지적'을 받자 나름대로 그에 대해 반항을 한 것이다. 하지만 반항이라고 해도 참으로 검소하고 소박한 반항이었다. 오히려 팬들은 더 좋아하고 재미있어 했으니 그게 반항이었다는 것조차 눈치채지 못했을 것이다.

패딩에 대한 해프닝에서도 알 수 있지만 그는 블랙 컬러를 특별히 더 좋아한다. 김원중은 "그냥 원래 블랙을 좋아한다. 사복을 입을 때도 거의 다 검은색이다"라고 개인적인 취향을 말했다. 실용적인 면에서도 이유가 있었다. 그는 "원정 경기를 다니면 옷에 뭐가 묻었을 때 바로 빨아서 입을 수가 없다. 그래서 검은색을 입고 다니다 보니 이렇게 되어버렸다"라고 했다. 옷을 세탁하거나 관리하는 데에 시간을 허비하지 않기 위함이다.

　실제로 이 책 작업을 위해 사진 촬영을 할 때도 김원중은 상의, 하의 다 검정색 편안한 차림으로 나타났다. 그런데 또 모른다. 김원중의 성격상, 패션에 꽂히게 되면 또 다른 방향으로 한참 더 파고들 수도 있기 때문이다.

　김원중과 동갑내기이자 절친 중 한 명인 롯데 한현희는 패션에 관심이 많다. 핫한 브랜드 이름을 줄줄 외고 쇼핑도 자주 하는 편이다. 김원중도 인정했다. "현희가 옷을 센스 있게 잘 입기도 하고 실제로 잘 어울리기도 하고 귀엽게 입고 다니는 것 같다"라면서도 "나는 그렇게 하고 싶어도 맞는 옷이 별로 잘 없다"라고 했다.

　김원중의 상의 사이즈는 XXXL다. 평균 성인 남성의 사이즈를 훌쩍 뛰어넘는다. 사이즈가 이렇다 보니 일단 몸에 맞는 옷을 찾는 것도 쉽지 않다. 그래서 컬러도 디자인도 알게 모르게 제한이 많을 수밖에 없고, 더더욱 무난한 검정색 옷을 고를 수밖에 없는 것이다.

　또한 아직은 패션에 크게 신경을 기울일 만큼의 특별한 관심이 없기도 하다. 김원중은 "나도 현희처럼 그렇게 입을 수는 있는데 귀찮아서 잘 하지 않는다. 언젠가 패션에 꽂히게 되면 또 나도 모른다. 관심 갖고 신경쓰면서 입을 것 같다"라고 말했다. 일단 패션은 현재 김원중의 이목을 끌만한 주제는 아닌 것 같다.

　조심스레 앞으로도 검정색 옷을 입고 다니는 김원중의 모습을 계속 자주 볼 수 있지 않을까 예상해본다. 생각해보면 클로저에게는 그 어떤 화려한 색상보다 검은색이 더 잘 어울리는 것 같다. 알록달록 휘황찬란한 컬러보다 블랙이면 블랙, 화이트면 화이트, 한 가지 색으로 심플하게 견고하게 듬직하게 밀고 나가는 것이 더 멋스러워 보인다.

Chapter 4.
김원중을 바라보는 사람들, 김원중과 함께하는 사람들

3살 많은 형이자 최고의 친구
구원듀오 파트너 구승민

　김원중이 현재 롯데에서 함께 뛰고 있는 동료들 중에서 가장 친한 선수 한 명을 꼽는다면, 단연 구승민이다. 구승민은 1990년생으로 김원중보다 3살 많은 형이다. 동갑이나 한 살 차이도 아니고 3년이나 차이가 있지만 항상 절친처럼 붙어 다닌다.

　두 명이 티격태격하는 모습을 보면 영락없는 동갑내기 친구 같다. 구승민이 "네가 그랬잖아" 그러면 김원중은 "제가 언제 그랬습니까"라고 받아친다. 분명 겉으로는 존댓말로 답을 하지만 거의 동갑 친구에게 하는 것처럼 편안하게 말한다.

　구승민이 김원중보다 3살 많지만 두 선수의 프로 데뷔 시기는 거의 비슷하다. 김원중은 고등학교를 졸업하자마자 프로 생활을 시작했고, 구승민은 대학교를 졸업한 뒤 프로 무대에 입문했다. 그는 동일초-청원중-청원고를 거쳐 홍익대에 입학했다.

　고등학교 재학 시절에는 내야수였지만 대학 진학 후에 투수로 보직을 바꿨다. 4년 동안 자신의 기량을 갈고 닦은 구승민은 2013년 신인 드래프트에서 6라운드 52순위로 롯데 유니폼을 입었다. 프로 생활 시작으로 따지면 2012년도에 입단한 김원중보다 1년이 더 늦었다. 여기까지 보면 평범한 프로야구 선후배들의 이야기다.

　그런데 두 명의 만남은 생각보다 더 운명적이었다. 롯데 유니폼을 입기 전부터 남다른 인연이 있었다. 구승민은 "처음 본 건 원중이가 고등학생 때였다"라고 했다. 홍익대학교 3학년 때 전지 훈련을 갔다. 그런데 구승민이 훈련을 하러 간 곳이 김원중의 학교인 동성고등학교의 전지 훈련지와 겹쳤다.

　아마추어 야구부 감독끼리 친분이 있으면 종종 전지 훈련을 같은 장

Chapter 4.
김원중을
바라보는 사람들,
김원중과
함께하는 사람들

소로 하기도 한다. 같은 장소에서 훈련을 하면 각각의 훈련 외에 연습 게임도 진행할 수 있기 때문이다. 그러다 보니 자연스레 이야기를 나눌 기회도 있었다.

구승민은 김원중이 던지는 투구폼을 보면서 이미 '될성 부른 떡잎'이라는 걸 느꼈다. 잘생긴 외모 때문에 이미 선수단 사이에서도 단연 튀었다. 구승민은 "지금 롯데 선수로 치면 박준우를 보는 느낌과 비슷했다. 귀티도 나고, 귀엽게 생겼는데 허우대가 엄청 좋아서 눈에 띄었다"라고 기억했다.

인상적인 모습이 눈에 들어온 그 고등학생 후배를 바라보는데 피칭하는 모습을 보면서 문득 좋은 예감이 왔다. 구승민은 "원중이도 어렴풋이 기억할 것이다. 거기서 원중이가 피칭하는 걸 보고 이렇게 말해줬다"라고 말했다. 투구폼을 보고 확신하고 던진 말이었다. "너 계속 이렇게 던지면 1차 1번이다."

구승민은 "그 정도로 공을 예쁘게 잘 던졌다. 당시에 겨울이고 추워서 공을 던지기 쉽지 않은데 그런 공을 던지니까 그런 말을 했다. 그때만 해도 훗날 같은 팀에서 뛰게 될 것이라고 생각도 못했다"라고 말했다. 김원중은 어렴풋이 기억했고 구승민은 이 순간을 선명하게 머릿속에 담아 두고 있었다. 그때까지만 해도 대학생 형으로서 격려의 뜻을 담아 해주고 싶었던 말을 했을 뿐이었다.

공을 잘 던진 그 고교생은 구승민의 예감대로 1라운더로 지명을 받았다. 모두가 알고 있듯이 김원중은 롯데의 유니폼을 입게 됐다. 그리고 바로 그 다음해 구승민 역시 자이언츠의 선택을 받았다.

대학에 진학한 여느 선수들이 그렇듯 최우선 목표는 프로 데뷔였다. 막연하게만 프로 데뷔를 꿈꾸고 있던 구승민은 '어느 팀이든 좋다'라는 생각이었다. 구승민은 서울 출생이다. 서울에서 나고 자랐고 줄곧 서울에서만 생활했다. 그럼에도 구승민은 롯데라는 팀에 눈이 갔다.

야구
선수
**김
원중**

지명을 받기 전 롯데라는 팀을 바라볼 때면 '인기 구단'이라는 생각부터 들었다. 2010년대 초반 롯데는 제리 로이스터 감독이 지휘봉을 잡아 '노 피어(No fear)' 야구를 선보였고 포스트시즌에 진출하며 인기 몰이를 하고 있었다. 항상 인기가 많은 팀이었지만 이 시기에 젊은 팬들이 다수 롯데로 유입됐다.

사직구장에서 팬들이 응원하는 모습은 장관이었다. '지상 최대의 노래방'이라는 말이 괜히 붙은 게 아니었다. 당시 프로 경기를 지켜보던 구승민은 롯데를 응원하는 수많은 팬들을 볼 때마다 놀라움에 감탄하곤 했다. 훗날 자신이 뛰게 될 팀이 될 줄은 꿈에도 몰랐다.

그리고 2013년 신인 드래프트에서 6라운드 52순위로 롯데의 선택을 받았다. 많은 기대를 받은 높은 순위는 아니었지만, 드디어 프로 진출이라는 감격의 꿈을 이루게 된 것이다. 이렇게 서울 출신의 구승민과 광주 출신의 김원중이 부산을 연고로 한 롯데에서 다시 만나 팀메이트로 호흡을 맞추게 됐다.

MBTI까지 완전히 같은 최고의 팀메이트
롯데 마운드의 아버지와 어머니

구승민의 표현에 따르면 혼자 김원중을 향한 '내적 친밀감'이 있었다. 입단 후 처음으로 김원중과 다시 만나게 된 구승민은 먼저 김원중에게 다가갔다. 그리고 학창 시절의 전지 훈련 이야기를 먼저 꺼냈다. 구승민은 "그때 이야기했던 형인데, 기억이 나느냐"라고 먼저 물었다. 김원중도 "기억난다"라고 말하면서 가까이 지내게 되었다. 김원중도 워낙 친화력이 좋았던 후배라 구승민을 잘 따랐다.

프로 입단 초반까지만 해도 둘은 함께 하는 시간이 많지 않았다. 초반에 1군에서 자리를 잡지 못했고 군대 문제도 해결해야 했다. 김원중

Chapter 4.
김원중을
바라보는 사람들,
김원중과
함께하는 사람들

113

야구
선수
**김
원중**

은 2013년 상근예비역으로 입대했다. 그가 2015년 3월 소집 해제되자 이번에는 구승민이 군 문제 해결을 위해 상무에 들어갔다.

두 명이 함께 1군에서 있었던 건 2015년 한 시즌이었는데, 김원중도 그해 1군에서 15경기, 구승민도 11경기를 뛰는 데 그쳤다. 구승민은 말 그대로 '맛만 본' 시즌이었다. 구승민은 2015시즌을 마치고 상무에 입대했다. 그리고 2017년 9월 전역했다. 상무 소속 당시 구승민은 "퓨처스리그에서 잘 마무리하고 좀 더 많이 보완해서 돌아가겠다"라고 의욕을 드러냈다.

그리고 2017시즌을 마친 뒤 마무리 캠프에서 둘은 다시 만났다. 김원중은 그해 정규시즌 동안 선발 로테이션을 소화하면서 가능성을 검증했고, 팀은 5년 만에 포스트시즌 진출에 성공했지만 준플레이오프에서 아쉽게 패해 시즌을 마감했다. 다음 시즌을 위해 미리 여러 가지를 재정비하는 마무리 캠프가 열렸다.

김원중과 구승민은 함께 마무리 캠프를 소화했고 이후로도 함께 붙어 다니게 됐다. 더욱 가까워지게 된 건 2019시즌이었다. 당시 지휘봉을 잡은 양상문 감독은 두 명을 따로 불러 많은 이야기를 해줄 만큼 애정을 드러냈다. 그만큼 기대를 한 몸에 모은 투수들이었다. 그리고 그해 6월 둘은 김해 상동 구장에서 함께 많은 시간을 보냈다. 구승민은 팔꿈치 부상 여파로 재활군에 있던 상태였다.

김원중과 구승민은 그 시기 양상문 감독의 지시에 따라 함께 산책을 하면서 1군에 올라가기 위한 준비를 했다. 훈련이 끝나고 나면 기장으로 넘어가 커피 한 잔을 마시면서 하루를 돌아보는 시간을 갖고 집으로 귀가하는 일상을 함께 보냈다.

다른 선수들이 단체 훈련을 할 때 둘은 감독의 지시로 개별적으로 같은 스케줄을 소화하다 보니 더욱 가까워질 계기가 많았다. 김원중은 개인적으로 이 시기 동안 구승민과 함께 했던 시간들을 매우 좋은 기억으

Chapter 4.
김원중을
바라보는 사람들,
김원중과
함께하는 사람들

로 간직하고 있었다. 여러모로 둘이 함께 한 시간도 그들 사이를 더 돈독하게 만들었다.

심지어 둘의 MBTI는 ESTP로 완전히 같다. E/S/T/P 중 하나 정도는 다를 수 있는데 넷 모두 똑같다. 그런데 성격은 상반된다. 이제 중심선수가 된 김원중은 롯데 마운드의 '아버지'라고 불린다. 반면 구승민은 '어머니'로 지칭된다.

한국 사회의 분위기와 가족 문화 같은 것이 많이 바뀌면서 전형적인 아버지와 어머니의 이미지 역시 과거와는 달라졌다. 하지만 통상적으로 그동안 우리가 갖고 있던 이미지를 감안하면 두 명의 선수를 한 마디로 표현할 수 있는 단어가 아닐까 싶다. 아버지와 어머니는 한 마디로 '부부'다. 부부는 일심동체라는 말처럼 둘도 여전히 함께 잘 지내고 있다.

상반된 성향이 주는 시너지
서로 배우면서 조금씩 닮아간다

그런데 오히려 이런 상반될 정도로 서로 다른 성격이 둘의 우정에 더 도움이 된다고 봤다. 구승민은 "같이 지내보니까 만약 둘이 성격이 비슷했으면 한번은 크게 사고가 났을 것"이라며 웃었다. 서로가 서로에게 '브레이크'를 걸어줄 수 있는 존재다.

둘이 비슷했으면 관리가 잘 안 됐을 것이다. 둘 다 취미나 노는 쪽으로도 죽이 잘 맞았으면 밤 늦게까지 게임을 한다든지 늦은 시간까지 놀다가 몸 관리를 제대로 못했을 수도 있다.

가끔 길에서 취객이나 모르는 사람이 시비를 걸어올 때도 있다. 김원중은 이유도 없이 부당하게 그런 시비를 거는 사람을 보면 참지 못하는 성격이라면 구승민은 "저런 사람이랑 싸워봤자 너만 손해다"라고 거리를 두며 말려주곤 한다.

반대로 구승민은 너무 참아서 그게 문제라고 김원중은 얘기한다. 그럴 때마다 김원중은 구승민에게 그냥 제대로 표출하라고 말한다. 구승민은 "원중이가 '형, 왜 참아요. 지를 때는 한번 질러봐야 한다'라고 조언 아닌 조언을 해주곤 한다"라며 웃었다.

어떤 쪽이든 둘 다 성격이 같았으면 야구 인생을 이어가는 데 있어서는 동료로서 크게 도움이 안 됐을 수도 있다. 구승민은 "둘 다 불 같은 성격이었으면 큰일이 좀 났을 것이다. 반대로 둘 다 소심하게 우유부단했으면 같이 밥 먹을 때 메뉴 하나를 고르는 데도 엄청나게 시간이 걸렸을 것"이라고 했다.

반대되는 성향의 절친을 보면서 서로의 장점을 배워간다. 구승민은 "오히려 정반대의 성격인 사람들끼리 붙어 있다 보니까 나이를 먹으면서 조금씩 서로의 성격을 닮아간다. 불 같은 성격을 갖고 있는 원중이는 살짝 내 부드러운 성격을 배워가고, 나 같은 경우는 원중이를 보면서 전투력, 적극성을 배운다. 서로에게 좋은 시너지 효과를 준다"라고 말했다.

김원중을 보는 사람들이 공통적으로 하는 이야기가 있다. 하나같이 입을 모아 "원중이가 참 눈치가 빠르다"라고 한다. 구승민도 전적으로 동의한다. "약간 묘하다. 말만 해도 좀 '밉상'인 애들이 있다. 김원중은 어찌 보면 일단 색안경을 끼고 보는 사람들이 많을 수 있는 환경에 있지 않나. 잘생기고, 키도 크고, 인기도 많아서 견제를 받을 수 있는 위치에 있다. 그래서 가만히 있어도 튀는데 눈치가 엄청 빨라서 상황에 맞게 대처를 잘 한다"라고 말했다.

구승민은 너무나도 잘 안다. 김원중이 보여지는 게 다가 아니라는 것을 잘 알기에 더욱 마음을 잘 헤아릴 수 있다. 구승민은 "잘 모르시는 분들이 많겠지만 원중이는 생각보다 훨씬 더 섬세한 아이"라며 "모르는 사람들에게는 건방져 보일 수 있더라도 밉지 않은 아이"라고 표현했다.

특별하고 남다른 인연
사랑의 오작교 역할까지

가까운 사람들의 작은 행동만 봐도 김원중은 다 재빨리 알아차린다. 구승민은 "저녁 메뉴를 고를 때 굳이 생각하지 않아도 된다. 원중이가 눈치가 빠르고 센스가 있다"라며 "오래 함께 지내다 보니 원중이가 '이거 먹을래요?'라고 했을 때 내가 대답을 안 하더라도 다른 걸 먹고 싶어 한다는 걸 안다. 눈치만 딱 보고 '돈가스 먹고 싶은가 보네'라고 하면서 메뉴를 선정한다"라고 말했다. 얘기만 들으면 마치 오래된 커플 같기도 하다.

김원중의 타고난 센스가 있기도 하지만 구승민 역시 둘의 우정에 적지 않게 긍정적인 영향을 주는 성격을 가지고 있다. 두 명이 함께 다니다 보면 스포트라이트는 언제나 김원중이 먼저 받을 수밖에 없다. 김원중은 경기를 끝내는 마무리투수고, 외적으로도 더 크게 주목을 많는 스타플레이어다. 구승민도 팀 마운드에 없어서는 안 될 소중한 존재이지만 아무래도 마무리투수의 비중이 더 크다.

프로 스포츠 선수들은, 특히 야구선수들은 대중의 관심을 한 몸에 받는다. 그런 점에서는 함께 다니는 절친이 더 집중을 받으면 질투를 느낄 법도 한데 구승민은 그런 생각을 가진 적이 없다. 항상 "아, 나는 익숙하다"라며 김원중을 향해 다가오는 대중의 관심을 곁에서 기꺼이 같이 봐준다.

구승민 자신도 자존감이 높고 훌륭한 실적을 가진 선수이기에 가능한 관계다. 소위 둘 중 한 명이 더 잘나가게 되면 나머지 한 명이 자격지심을 가질 수도 있지만 둘 사이에서는 그런 감정이 없다. 김원중보다 구승민이 더 관심을 받았을 경우에도 마찬가지다. 이런 건강한 생각들이 둘 사이를 더욱 견고하게 만들어주는 요인이 아닐까 싶다.

구승민에게 김원중은 아내를 만나게 해준 은인이기도 하다. 구승민은 2022년 1월 9일 아내 김은혜 씨와 결혼식을 올렸다. 아내를 만나게 해준 사랑의 오작교가 바로 김원중이었다. 구승민의 아내는 김원중의

지인이기도 하다.

첫 만남은 이랬다. 구승민은 "원중이의 지인이 제 와이프가 부산에 내려갈 일이 있으니까 언제 만나서 잘 챙겨주라고 했다고 하더라. 그래서 원중이가 저에게도 같이 가자고 했는데 만나자마자 아내를 보고 반했다"라고 말했다.

그러면서 "생각해보니, 그때 원중이가 차가 없었다. 그래서 차가 있는 나를 '기사'로 하려고 했던 게 아닐까"라며 웃었다. 의도가 어떻게 되었든 운명적인 만남이 성사가 되었다. 첫 만남부터 한 눈에 반한 구승민은 아내와 연애를 시작했다. 그리고 백년해로할 짝이 됐다.

결혼 후 김원중에게는 상품권을 선물로 줬다고 한다. 뭐든 다 선물해주고 싶은 마음이었지만 이미 김원중이 웬만한 것들은 다 갖고 있었기에 상품권으로 마음을 표현했다는 후문이다. 그리고 2024년 7월 31일에는 딸 하루까지 품에 안았다.

구승민은 아내와 함께 육아를 하면서 행복하게 잘 지내고 있다. 그러면서 김원중에게는 빨리 장가 가라고 추천했다. 구승민은 "내가 결혼 생활을 하면서 얻는 안정감이라든가 장점을 옆에서 많이 보다 보니 어서 하고 싶은 생각이 들지 않을까"라고 했다.

같은 해 FA 자격 취득에 같은 날 FA 계약까지 함께

이렇게 운명처럼 많은 것들이 연결되어 있는 둘은 생애 첫 자유계약선수(FA) 자격도 함께 얻었다. 처음에는 두 명이 같은 해에 FA 자격을 얻게 될 것이라고 알아차리지 못했다. 그러다 FA 자격 취득 시기가 다가오면서 2024시즌을 마치면 함께 FA가 된다는 걸 알았다.

구승민은 "원중이도 크게 신경 안 썼고 나도 대졸에 군대까지 다녀왔

으니 언제 FA가 될지 그런 부분에 대해 신경을 안 쓰고 있었다. 서로 FA 자격 취득 연도가 같다는 사실을 알았을 때는 '와~ 이것까지 같이 하게 되네' 하는 느낌이었다"라고 말했다.

두 명 모두 FA 자격 획득 연도라고 해서 특별히 더 많은 것들에 신경을 쓰지도 않았다. 그동안 에이전트 없이 연봉 계약을 구단과 직접 했던 김원중은 FA 자격 취득 해를 맞아 처음으로 에이전트 계약을 했다. 이것 외에는 다른 변화를 준 게 없었다.

구승민도 그랬다. 2024시즌 초반 부진하긴 했지만 원인이 FA 의식으로 인한 것은 아니었다. 그해 이른바 '로봇 심판'으로 불리는 자동투구판정시스템 ABS가 처음 도입됐고 여기에 적응하는 데 어려움을 겪었을 뿐이다. 구승민은 전반기에는 30경기에서 3승 2패 4홀드 평균자

Chapter 4.
김원중을
바라보는 사람들,
김원중과
함께하는 사람들

책 6.67을 기록했지만 적응을 다 마친 후반기에는 30경기 2승 1패 9홀드 평균자책 3.23을 기록하며 정상궤도를 찾았다.

둘은 같은 날 계약서에 도장을 찍었다. 김원중이 먼저 2024년 11월 10일 사직구장의 사무실을 찾아 사인을 했다. 뒤이어 구승민이 사무실을 방문해 계약을 했다. 먼저 계약을 한 김원중은 구승민과 함께 식사를 하려고 기다리기도 했다.

구승민은 "친한 동료랑 같이 같은 해 같은 날 FA 계약을 한다는 게 정말 쉽지는 않은 상황 아닌가. 그것만으로도 행복했다"라며 "이런 전쟁터 같은 프로야구 세계에서 그런 동료가 있다는 건 복이다. 누구도 쉽게 할 수 없는 일일 것이다"라고 했다.

프로야구선수가 된 뒤 FA 자격을 획득하고, 계약을 하는 것도 선택된

야구
선수
**김
원중**

자들만이 할 수 있다. FA 자격도 취득하지 못하고 자격을 얻더라도 제대로 된 계약을 하지 못하는 경우들도 팬들이 생각하는 것 이상으로 많다. 그런 점에서 보면 김원중과 구승민 모두 행운아였다. 그리고 FA 자격을 획득하기까지 각자 서로에게 크고 작은 도움이 됐다.

구승민은 상무에 다녀와서 한창 팀에 적응했을 시기를 떠올렸다. 그때의 자신을 떠올리면 "막연하게 자신감만 있을 때"였다. 롯데는 2017년 가을야구에 진출했기 때문에 다음 시즌을 향한 기대감이 더 커져 있는 상태였다. 구승민 역시 1군에서 살아남으려면 치열하게 경쟁을 펼쳐야 했다. 그럴 때 많은 조언을 해 준 사람이 다른 선배도 아닌 동생 김원중이었다.

구승민은 "원중이는 내가 군대에 있는 동안 선발투수로서 어느 정도 자리를 잡으며 많은 경기, 많은 이닝을 던지면서 경험을 쌓다 보니 경기 외적인 부분들을 옆에서 많이 알려줬던 것 같다"라고 했다.

실생활에 필요하고 유용한 조언들이 많았다. 가장 도움이 됐던 건 2군과 1군의 차이를 확실히 알려준 점이다. 2군이라 불리는 퓨처스리그와 1군은 경기 시간도 다르고, 경기 수준도 다른 것이 당연한 사실이다. 2군 경기는 대부분 낮 경기고, 1군은 저녁에 경기를 한다. 상대하는 타자들도 다르기 때문에 몸 관리를 제대로 해야 한다.

구승민은 "경기 후에 몸을 관리하는 법 등을 원중이에게 많이 들었다"라고 고마워했다. 덕분에 구승민은 제대 후 첫 해인 2018시즌 무려 64경기에 출전했다. 상무 입대 직전 시즌인 2015시즌 11경기 출전에 그쳤던 구승민이 6배 가까운 많은 경기에 출전한 것이다. 이닝수도 73.2이닝이나 됐다. 14홀드에 평균자책 3.67을 기록하면서 팀의 필승조로 자리를 잡았다.

선발투수와 불펜투수의 루틴 등
서로 먼저 경험해본 것을 공유하며 조언

반대로 김원중이 선발투수에서 마무리로 보직 전환할 때에는 불펜투수 구승민의 조언이 큰 도움이 됐다. 구승민은 "그때는 원중이가 아직 중간 투수로서의 루틴을 모르니까 그런 부분을 많이 알려줬다"고 했다.

선발투수와 불펜투수의 루틴은 확실히 다르다. 선발투수는 5일 휴식 후 등판하는 루틴을 소화한다면 불펜투수는 보통 연투를 하기 때문에 특별히 휴식을 부여받은 상황이 아닌 이상 매 경기 대기하고 있어야 한다. 체력적인 부분에서도 적응이 필요하다.

구승민은 자신이 불펜투수로 등판하면서 터득한 노하우를 김원중에게 잘 알려줬다. 이렇게 구승민은 필승조로, 김원중은 마무리로 연착륙하게 됐다. 구승민이 8회를 막으면 김원중이 9회 등판하는 게 롯데의 이상적인 그림이었다.

덕분에 둘은 롯데를 대표하는 대기록의 주인공이 되기도 했다. 2024시즌에는 나란히 구단 역사에 이름을 올렸다. 김원중은 8월 16일 사직 SSG전에서 구단 사상 최초의 100세이브를 달성했다. 구승민은 김원중의 머리에 아낌없이 콜라를 쏟아부으며 활짝 웃었다. 제 일처럼 기뻐하면서도 김원중에게 짓궂은 장난을 한 것이다.

당시의 모습이 사진에 찍히기도 했는데 구승민이 만면에 웃음을 띄고 김원중의 머리에 콜라 한 병을 들이붓고 있었다. 김원중은 구승민을 포함한 동료들의 '축하'를 "예상하고 있었다"고 했다. 그래서 끝나자마자 굳이 피하지 않고 기분 좋게 콜라와 물 세례를 맞았다.

그리고 이번에는 구승민의 차례가 돌아왔다. 구승민은 8월 31일 대전 한화전에서 시즌 20홀드를 올리며 4년 연속 20홀드 기록을 세웠

야구
선수
**김
원중**

다. 은퇴한 안지만(당시 삼성)이 2012년~2015년 기록한 데 이어 구승민이 KBO 리그 사상 두 번째 기록을 세웠다. 롯데 구단 역사에도 처음 있었던 기록이었다.

　구승민이 기록을 세운 날 가장 먼저 물 세례를 퍼부으려고 준비한 이가 보름 전 호되게 당했던 김원중이었다. 구승민의 방송 인터뷰가 끝나자마자 바로 아이스박스에 든 얼음물을 구승민에게 퍼부었다.

　롯데는 1982년 출범한 한국프로야구의 창단 원년 멤버 구단이다. 이런 팀에서 첫 대기록을 세운 두 선수는 자신들과 같은 후배들을 잘 이끌고 좋은 선수로 양성하기 위해 부단히 마치 코칭스태프처럼 노력한다. 이들과 대화하다 보면 팀 미래에 대한 진지한 고민이 엿보인다. 그래서 누가 시킨 것도 아닌데 알아서 어린 후배들에게 밥을 사주고 '티타임'을 갖는다.

　구승민은 "원중이도 그렇고 나도 어린 시절, 어려운 시절이 있지 않았나. 그때 형들이 많이 챙겨주셨고 우리도 똑같이 내리사랑을 대물림하는 것일 뿐"이라며 "전준우 형, 정훈 형도 우리에게 지금도 똑같이 그렇게 해준다. 밥 먹으러 가자고 하면서 맛있는 것도 잘 사주고 우리도 그렇게 하는 모습을 보면서 자라왔다. 우리도 똑같이 나이 먹고 동생들을 잘 챙겨야 한다. 그러다 보면 나중에 우리가 야구장을 떠났을 때 그 후배들도 훗날 또 다른 후배들을 잘 챙기지 않겠나"라고 했다.

　스타일이 다른 두 명의 선배가 조언을 해주니 후배들에게도 진심으로 와닿고 객관적으로 한 번 더 생각해볼 수 있다. 구승민은 "나는 자잘하게 세세하게 이야기하는 스타일"이라고 했다. 김원중에 대해서는 "굵직하게 한 마디씩 말하는 성향"이라고 했다.

　둘 다 같은 성향이었으면 똑같이 비슷한 이야기를 반복해서 해주게 될 수도 있는데 다른 성향이다 보니 각자 다른 시선으로 후배들을 바라봐준다는 이점도 있다. 구승민은 "똑같은 일에도 나는 이렇게 말하고

원중이는 또 좀 다른 말을 해준다. 그래도 결정은 후배에게 맡긴다. '너희에게 맡긴다'라고 말해준다"라고 했다.

같은 남자들끼리 소위 '간지러운' 표현을 하는 게 쉽지 않다. 게다가 매일 붙어있고 연락하다보니 진지하게 서로에 대한 고마움을 표할 일이 많지 않다. 구승민은 그간 하지 못한 말을 꺼냈다. 그는 "치열히 경쟁하는 환경 속에서 마음이 맞는 동료가 있다는 건 큰 행운"이라며 "우리가 포지션이 서로 안 겹쳤다. 원중이가 선발일 땐 내가 불펜, 그리고 원중이가 마무리일 때에는 앞에서 도와주는 위치였다. 허심탄회하게 모든 걸 말할 수 있는 입이 무거운 후배가 있다는 건 행운이다. 야구를 하는 데 있어 복받았다는 생각이 든다"고 마음을 전했다.

비시즌에는 승민이 형 떠나
광주 토박이 친구 삼성 이성규와

구승민이 프로 데뷔 후 가장 가까운 동료라면, 김원중이 롯데 선수가 되기 전부터 친했던 선수가 한 명 있다. 바로 삼성 라이온즈의 외야수 이성규다. 이성규는 김원중과 동갑내기 친구로 같은 광주 토박이다. 김원중과 함께 광주 동성중, 동성고를 졸업했다.

김원중이 시즌을 마치고 광주 고향집에 가면 함께 비시즌을 보내는 친구 중 한 명이다. 구승민이 정규시즌 동안 함께 붙어 다니는 동료라면 이성규는 시즌 외의 시간을 같이 보내는 친구다.

이성규는 광주 대성초등학교 출신이다. 김원중과 초등학교는 달랐지만 서로의 존재를 알았다. 같은 광주 지역 내의 초등학교 야구부 선수들끼리는 교류할 일이 잦았다. 초등학교 재학 시절부터 이성규는 김원중에 대한 이야기를 '풍문'으로 들었다. 이성규는 "공 잘 던지는 친구가 있다고 들었다. 키가 워낙 크다 보니 그렇게 기억한다. 초등학교때

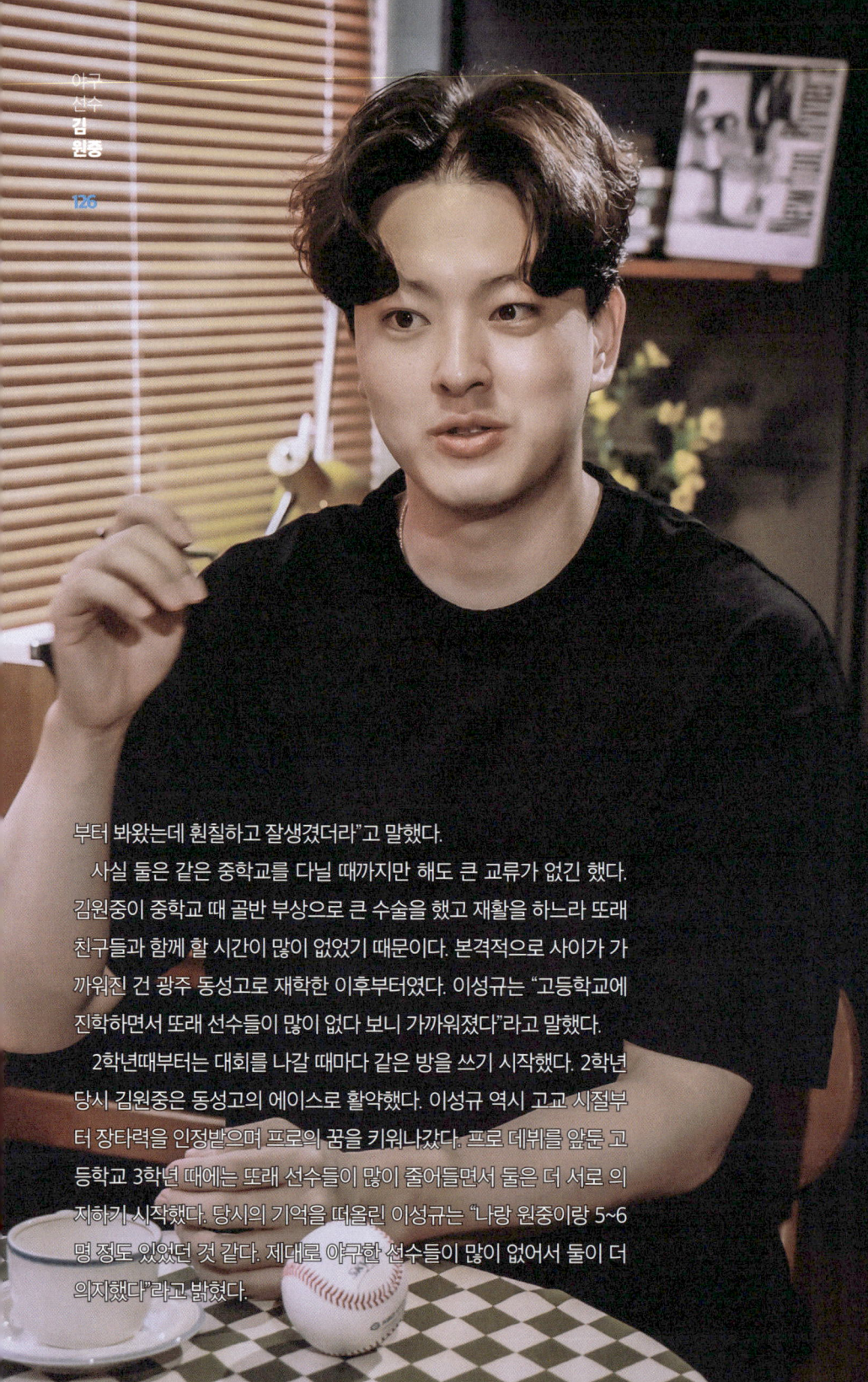

야구 선수 **김원중**

부터 봐왔는데 훤칠하고 잘생겼더라"고 말했다.
 사실 둘은 같은 중학교를 다닐 때까지만 해도 큰 교류가 없긴 했다. 김원중이 중학교 때 골반 부상으로 큰 수술을 했고 재활을 하느라 또래 친구들과 함께 할 시간이 많이 없었기 때문이다. 본격적으로 사이가 가까워진 건 광주 동성고로 재학한 이후부터였다. 이성규는 "고등학교에 진학하면서 또래 선수들이 많이 없다 보니 가까워졌다"라고 말했다.
 2학년때부터는 대회를 나갈 때마다 같은 방을 쓰기 시작했다. 2학년 당시 김원중은 동성고의 에이스로 활약했다. 이성규 역시 고교 시절부터 장타력을 인정받으며 프로의 꿈을 키워나갔다. 프로 데뷔를 앞둔 고등학교 3학년 때에는 또래 선수들이 많이 줄어들면서 둘은 더 서로 의지하기 시작했다. 당시의 기억을 떠올린 이성규는 "나랑 원중이랑 5~6명 정도 있었던 것 같다. 제대로 야구한 선수들이 많이 없어서 둘이 더 의지했다"라고 밝혔다.

이성규도 김원중과 성격이 많이 다르다. 수줍음이 많고 조용하며 차분한 성격이다. 정반대의 성격을 가진 두 명의 친구가 함께 다니는 걸 보고 많은 사람들이 "둘이 그렇게 다른데 어떻게 친구가 됐느냐"고 물어보곤 한다.

이성규는 "오히려 서로 다른 면이 있어서 친한 것 같다. 나한테 없는 부분이 원중이한테 있어서 항상 원중이를 보면서 많이 배우기도 한다. 멘털적인 부분에서 원중이에게 배울 점이 많다"라고 했다.

이성규는 친구지만 김원중을 보면서 많이 배운다. 이성규는 "멘털이 강하다. 어렸을 때부터 원중이는 그랬다. 자잘한 걸 신경을 쓰지 않는다. 그런 부분에서 배우기도 하고 조언도 많이 듣는다. 친구로서 배울 점이 많았다"고 거듭 말했다.

고고 졸업 후 4년이 흘러 프로에서 다시 만난 두 친구

하지만 고등학교 졸업 후 둘의 진로는 갈렸다. 김원중은 고교 졸업 후 바로 2012년 신인 드래프트에서 롯데의 지명을 받아 프로 데뷔에 성공했다. 하지만 이성규는 대학 진학을 선택했다. 졸업 후 인하대로 진학해 4년 뒤 열린 2016년 신인 드래프트에서 2차 4라운드 31순위로 삼성 유니폼을 입었다.

이렇게 프로 데뷔하기까지의 길은 달랐지만 우정은 계속 이어졌다. 이성규는 "저는 애초에 대학교에 진학하는 걸로 생각을 하고 있었다. 2012년 신인 드래프트에서 지명을 못 받았다고 해서 딱히 실망하거나 그런 건 없었다. 그때는 원중이가 지명을 받은 것에 대해 축하를 해줬다. 나도 이제 대학교에 진학하니까 가서 열심히 해야겠다는 생각만 있었다"라고 말했다.

야구
선수
**김
원중**

고등학교 졸업을 앞둔 시기를 떠올린 이성규는 "그때 나는 실력이 부족했다"라고 자평하며 "부모님과 상의해서 안 되면 대학교에 가서 다시 좀 더 실력을 쌓고 도전해보자고 이야기를 했고 그렇게 결정을 내렸다"고 기억을 되짚었다.

4년이란 시간은 짧지 않다. 남들보다 뒤늦은 출발 때문에 불안하지는 않았을까? 이성규는 "당시에 우울하게 처져 있지 않았다. 그저 할 일 열심히 하려고 했다"라고 말했다.

김원중도 프로 데뷔 후 한 동안 1군에 오르지 못한 시간들이 있었다. 김원중이 1군에 첫 선을 보인 해가 2015시즌이었고 이성규는 지명 직후 첫해인 2016년부터 1군 무대를 밟았다. 프로에 지명된 시기는 4년이나 차이 났지만 사실상 1군에서 플레이하기 시작한 시기는 크게 다르지 않다.

두 명의 친구는 각자 땀방울을 흘리는 시간을 보내면서 자신들이 꽃을 피울 시기를 기다렸다. 이성규는 "원중이도 데뷔 후 힘든 시간이 있었는데 크게 개의치 않는 성격이었다. 나도 프로 입단을 위해 내가 할 일들에 집중했고 원중이도 일찍 군대를 다녀왔다"고 전했다.

진짜 친구들은 가타부타 미래에 대해 건설적이고 구체적인 이야기를 즐겨하지 않는다. 프로야구에서 '절친'인 선수들에게 서로 어떤 이야기를 하는지 물어보면 거의 대부분이 야구 이야기보다는 서로의 신변잡기를 나누는 수준이었다. 그럴 때마다 '이 선수들은 진짜 친하구나'라는 걸 느끼곤 한다.

이성규와 김원중도 마찬가지다. 이성규는 "만나면 그냥 별로 시답지 않은 얘기들을 하고 놀았다"라고 했다. 야구 이야기는 거의 안 했지만 김원중이 이런 이야기를 한 적은 있었다. 이성규는 "프로에 오게 되면 한번 같이 뛰어보고 싶다는 이야기를 종종 했다"라고 말했다. 그만큼 한 팀에서 뛰면 좋겠다고 생각할 만큼 가까운 친구였기 때문이다.

Chapter 4.
김원중을
바라보는 사람들,
김원중과
함께하는 사람들

    동시에 친구를 향한 믿음이 있었기에 가능했다. 이성규는 김원중이 항상 자신에게 해줬던 말을 잘 알고 있었다. "넌 잘 될 수 있다. 충분히 잘할 수 있다"라는 말을 가장 많이 들었다. 이성규는 "원중이가 항상 그런 말을 했다. 실력은 되는데 심적으로, 멘털적으로 약하다는 이야기를 해준다. 약한 마음을 가지면 안 된다고 이야기하더라"고 했다.

    김원중의 말의 요지는 이랬다. 이성규는 "원중이가 '무조건 된다고 생각해야 한다. 마음을 약하게 가지면 안 된다'라고 말하더라. 그렇게 한 마디씩 해주면 나도 힘이 났다"라고 말했다. 이성규가 얼마나 큰 잠재력을 가지고 있는지 김원중은 너무나도 잘 알았다. 그렇기 때문에 친구가 마음이 약해지고 자신감을 잃을 때마다 '할 수 있다'라는 메시지를 보내며 채찍질로 격려한 것이 아닐까?

친구의 격려와 부단한 노력 끝에
2024시즌 22홈런 터뜨린 이성규

    그리고 이성규는 김원중의 말대로 프로 데뷔에 성공했다. 삼성은 장타력을 가진 내야수가 필요했고 이성규는 그렇게 라이온즈의 선택을 받았다. 데뷔 후에는 무명의 시간이 짧지 않았으나, 그의 이름은 이미 퓨처스리그에서는 소문이 자자했다. 2018년에는 31홈런을 쏘아 올리며 퓨처스리그 홈런왕을 차지했다.

    다만 1군에서는 그만큼의 기량을 발휘하지 못했다. 이성규를 향한 평가는 한결같았다. 잠재력도 있고 기본적이 마음이 선하고 성실해서 훈련을 정말 열심히 하는데, 그만큼 기량을 내보이지 못한다는 것이다. 이성규는 친구의 응원 속에서 기량을 키워 나갔다.

    2023시즌부터는 1군에서 자신의 존재감을 드러냈다. 기존 포지션인 내야수에서 외야수로 전향하면서 1군에 자리잡고자 하는 의지를 다졌다. 시범경기에서 14경기 5홈런으로 폭발하며 스스로 기회를 잡았다. 이성규는 그해 데뷔 후 가장 많은 경기인 109경기에 출장했다.

그리고 2024시즌에는 자신의 강점인 장타력도 증명했다. 22홈런을 쏘아 올리면서 '홈런 군단' 삼성의 중요한 선수 중 한 명이 됐다. 그해 삼성에서 20개 이상의 홈런을 친 선수는 단 4명이었는데 이성규가 그 중 한 명이었다. 이전까지 이성규의 한 시즌 최다 홈런 개수는 2020년 기록한 10홈런이었던 것을 감안하면 두 배 이상 늘어난 것이다.

착한 심성을 바꿔보려고 "좀 더 나빠져야 하나"라고 고민도 했던 이성규는 "나빠지려고 한다고 해서 그것도 마음대로는 안 되니까 그냥 받아들였다. 단순하게 생각하려고 노력했다"고 했다. 머릿속을 비우고 나니 홈런포가 더 터지기 시작했다. 그해 삼성은 2위로 플레이오프에 진출했고 한국시리즈까지 나섰다. 이성규는 친구도 밟지 못한 플레이오프, 한국시리즈를 먼저 경험했다.

이성규가 활약하면서 가장 기뻐한 건 김원중이었다. 이성규는 2024년 8월 14일 KT전에서 데뷔 처음으로 20홈런을 달성했다. 20홈런을 달성한 날 절친의 축하 인사도 이어졌다. SNS를 즐겨하지 않는 김원중은 이례적으로 자신의 인스타그램에 이성규와 함께 찍은 사진을 올리고 20홈런을 축하했다. 그러면서 '30개 치면 머리 기르자'라고 했다.

당시 김원중의 SNS를 봤던 이성규는 "30개 쳤어도 절대 안 기른다. 나는 기를 수가 없다. 원중이야 기를 수 있었겠지만"이라며 손을 내저었다. 그렇다면 김원중이 머리카락을 기르기 시작했을 때 이성규는 어떤 생각이었을까? 그는 "못 말렸다. 걔가 하겠다는데"라고 했다. 워낙 친한 사이여서 성향을 너무 잘 알고 있기에 친구가 머리카락을 기르는 모습을 그저 지켜볼 수밖에 없었다. 친구가 더 잘 되기를 열심히 응원하지만 헤어 스타일까지 응원하기는 어려웠다.

그래도 이성규는 김원중에게 무언가 '제동'을 걸어줄 수 있는 친구다.

어느 날 김원중은 이성규에게 이런 부탁을 했다. 이성규는 "원중이가 그런 이야기를 하더라. '만약 내가 지금보다 야구를 좀 더 잘 하게 됐는데 혹시라도 위에 형들이나 선배들에게 예의 없는 모습을 보인다거나 좀 싸가지없이 굴면 꼭 나한테 말을 해줘야 한다. 말해줄 사람이 너밖에 없다'라고 하더라"고 떠올렸다.

김원중은 혹시나 자신이 거만해지거나 선배 혹은 동료들 사이에서 선을 넘는 그런 모습이 나오지는 않을까 우려해 중고등학교부터 봐왔던 친구에게 특별히 부탁을 한 것이다. 언제나 초심을 잊지 않고자 하는 김원중의 의지가 보이는 대목이다. 그런데 사실 이성규가 친구 김원중에게 그런 조언을 해 줄 일은 없었다.

이성규는 "원중이는 사람들이 생각하는 것보다 훨씬 더 성실하고 운동도 열심히 하는 그런 친구"라고 했다. 그에게서도 구승민과 같은 의견이 나왔다. 이성규는 "원중이가 눈치가 정말 빠르다. 걔한테는 특별히 조언해줄 것이 없다. 자기가 알아서 스스로 잘 하는 애이기 때문이다"라고 했다.

비시즌 파트너 친구 이성규 외에
절친한 타팀 선배이자 전 직장 동료 강민호

두 친구는 항상 광주에서 비시즌을 보낸다. 이성규는 "함께 운동하는 센터가 있어서 운동도 같이 한다"라며 "그러고 나서 모교 광주 동성고에 가서 기술 훈련을 한다. 거의 매해 그렇게 비슷하게 지낸다"라고 했다. 정규시즌 동안은 각자의 팀에 소속되어 있다가, 비시즌 동안에는 한 팀이 된 것처럼 새 시즌을 같이 준비한다.

김원중, 이성규 외에도 함께 광주에서 만나는 친구들이 있다. 정규시즌 동안에는 자주 만나지 못했던 친구, 형들을 만나는 시간이다. 이성

Chapter 4.
김원중을
바라보는 사람들,
김원중과
함께하는 사람들

규는 "나랑 원중이도 항상 비시즌만 기다리면서 시즌을 보내는 것 같다. 둘이서도 '비시즌만 생각하며 보내자'라고 이야기를 종종 한다"고 했다. 겨울에 함께 보내는 그 시간들이 페넌트레이스 144경기, 포스트시즌까지 진출하면 그 이상이 되는 기나긴 시간을 버틸 수 있는 원동력이 된다.

이렇게 절친한 사이이지만 정규시즌에서의 맞대결은 피할 수 없는 일이다. 이성규와 김원중의 2024시즌까지 통산 맞대결 결과는 2타수 1안타다. 이 안타 하나가 홈런이다. 2023년 9월 17일 대구에서 열린 맞대결에서 9회 1사 후 이성규가 솔로 홈런을 쏘아 올렸다. 그해 뒤늦게 터진 이성규의 마수걸이 홈런이었다.

이성규는 홈런을 치던 순간을 아직도 기억한다. 그는 "초구에 직구 던질 줄 알았는데 커브를 던지더라. 그래서 경기가 끝나고 나서 장난으로 뭐라고 했다. 원중이도 '한 방 맞았네'라고 하더라"고 말했다.

그러고 보면 퓨처스리그 첫 안타를 친 상대도 김원중이었다. 하지만 이성규는 김원중과의 맞대결을 최대한 피하고 싶다고 한다. 이성규는 "타석에서 원중이 얼굴을 보면 웃기다. 그래도 경기니까 당연히 최대한 집중을 하려고 하는데 워낙 친하다 보니 아무래도 집중이 덜 되는 느낌이다. 그래서 안 만나고 싶다"라며 웃었다.

이성규와 함께 삼성에서 뛰고 있는 주전 포수 강민호도 김원중과 호흡을 맞춰본 선후배 사이다. 강민호가 롯데에서 삼성으로 이적하면서 서로 다른 팀에서 뛰고 있지만 친밀한 사이는 여전하다.

2023년 9월 울산에서 열린 삼성과 롯데의 맞대결에서는 해프닝이 있었다. 김원중이 연습 투구를 하고 있었는데 다음 타석에 들어서려던 강민호가 타석에 서 있었던 것이다. 김원중은 연습 투구를 하다가 강민호의 머리 위로 공을 날려버렸다. 김원중은 경기 후 삼성 라커룸을 찾아가서 바로 사과를 했다. 서로 분위기 싸움에서 밀리지 않겠다는 생각

야구
선수
**김
원
중**

때문에 만들어진 해프닝이었다. 김원중이 사과하면서 강민호는 금세 또 화가 풀어졌다. 그 정도로 친밀한 선후배 사이다.

강민호에게 김원중에 대해 물었다. 강민호는 "원중이는 어렸을 때부터, 선발투수였을 때부터 같이 호흡을 맞췄다. 지금 너무나도 잘 성장해서 보기 좋다"라며 "그 누구보다 몸 관리를 철저히 한다는 건 잘 알고 있었기 때문에 언젠가 더 좋은 선수가 될 거라고 생각했고, 정말 많은 팬들에게 사랑을 받는 선수가 되지 않았나 싶다"라고 했다.

그래서 롯데에서 함께 하던 시절 머리카락을 기르는데도 그냥 놔뒀다고 한다. 강민호는 "너무 잘하고 있어서 대견할 뿐이다. 어느덧 고참의 위치에 가 있는데 여러 역할을 다 잘하고 있다"이라고 말했다.

롯데 트레이닝 코치가 바라본 가장 몸관리가 완벽한 선수 김원중

함께 야구를 하고 있거나 과거 한 팀에서 동료로 호흡을 맞췄던 선수들 외에, 구단 내에서 선수의 일거수일투족을 가장 가까이에서 바라보는 위치에 있는 사람들은 바로 트레이닝 코치일 것이다.

2013년에 롯데에 입단해 10년 넘게 롯데 선수들의 몸을 관리하고 있는 김태현 코치는 다른 선수들이 보고 따라야 할 선수로 단연 김원중을 꼽는다.

김 코치는 김원중이 본격적으로 마무리투수를 맡을 때부터 집중적으로 관리를 하기 시작했다. 그는 김원중에 대해 "선수들이 제일 본받아야 될 선수"라고 얘기한다. 그 이유로 "선수들이 몸 관리를 스스로 잘 할 거라고 생각하는데, 사실은 그렇게 관리를 잘하는 선수가 생각만큼 많지 않다. 그런데 원중이는 자기가 알아서 잘 하고 운동도 뭐가 필요한지 잘 알고 한다"라고 설명했다.

Chapter 4.
김원중을
바라보는 사람들,
김원중과
함께하는 사람들

김 코치가 개인적으로 따로 이야기할 필요가 하나도 없을 정도다. 입단한 지 얼마 안 된 선수들에게 김원중의 사례를 이야기하곤 한다. 김 코치는 "원중이는 이렇게 운동을 하고, 관리를 어떻게 하고 시즌 때는 어떻게 하고 있다는 걸 말해주면서 원중이를 보고 배우라고 어린 선수들에게 많이 이야기한다"고 했다.

트레이닝 코치는 평소 몸 관리에 대한 지침도 선수들에게 내려주곤 한다. 정규시즌은 물론 비시즌까지 어떻게 관리를 해야 하는지에 대한 이야기를 해준다. 가령 비시즌에는 웨이트 트레이닝을 많이 하고 러닝을 많이 하라고 추천한다. 정규시즌 돌입 후에는 웨이트 트레이닝을 줄이면서 관리를 해야 한다. 이밖에 튀긴 음식을 줄이고 탄산음료, 밀가루 등이 들어간 음식을 멀리 하라는 식으로 식단에 대해서 권유한다. 음주는 가장 피해야 할 것 중 하나다. 김원중은 술을 마시지 않고, 탄산음료도 즐기지 않는다.

마무리투수로서 마인드 컨트롤을 어떻게 하는지도 가까이에서 지켜봤다. 김 코치는 "경기에 나서기 전부터 마인드 컨트롤을 좀 한다. 3회부터 6회까지 30분에서 1시간 정도 하체부터 어깨까지 스트레칭을 한다. 그게 끝나고 나면 마인드 컨트롤 영상을 보는 등 싸워야 할 준비를 한다"라고 설명했다.

7~8회가 되면 완전히 마무리 출격 모드에 돌입한다. 김 코치는 "그때는 원중이가 진지하다. 더그아웃에서는 웃지도 않는다"라고 분위기를 전했다.

자주 보는 모습이지만 볼 때마다 놀랍다. 김 코치는 "시즌을 치르면서 힘이 들거나 여름이 되었을 때 누구라도 지치는 시기가 오는데 원중이는 그럴 때 더 운동을 열심히 한다. 웨이트 트레이닝이나 러닝에서도 더 열심히 하려고 한다. 입맛이 없을 때에도 일부러 유지를 하기 위해서 억지로 식사도 잘 한다"고 했다.

야구
선수
**김
원중**

Chapter 4.
김원중을
바라보는 사람들,
김원중과
함께하는 사람들

137

그는 김원중의 강한 승부욕을 종종 곁에서 목격하곤 한다. 김 코치는 기자에게 "평소에 김원중의 성격을 어떻게 봐 왔느냐"라고 물었다. 그러면서 "기본적으로 좀 진지하기는 한데 그래도 장난기도 있고 같이 잘 놀기도 한다"라면서 "그런데 블론 세이브를 했을 때에는 180도 다른 모습을 보인다"라고 했다.

김 코치에 따르면 '시뻘중(마운드에서 얼굴이 빨개진다고 해서 붙여진 별명)'이 되곤 한다. 그는 "더그아웃 뒤에서 혼자 분을 삼키려고 하는데 못 삼킨다. 누가 보는 데서 하는 게 아니라 아무도 없는 안쪽 실내 공간에 가서 소리를 지르기도 한다. 그렇게 힘들어하는 모습들을 보면 좀 안타까울 때가 있다"고 말했다.

그렇게 본인이 풀고 나서는 또 멀쩡하게 돌아온다. 다음 이닝도 이어서 소화해야 될 때면 차분하게 마운드에 올라가곤 한다. 김 코치가 볼 때는 그런 모드 전환이 신기할 정도다.

그는 김원중을 봐온 시간이 꽤 되었다. 김 코치는 "김원중은 나이를 먹을 수록 더 몸 관리에 대해 더 많이 신경을 쓰는 것 같다. 그런 걸 보면 돈도 벌만큼 벌었는데 저렇게까지 하는 것을 보며 정말 대단하다는 생각이 든다. 일반인의 입장에서는 '저 자리까지 가는 게 쉬운 게 아니구나'라는 생각으로 신기하게 본다"라고 했다.

덕분에 트레이닝 코치로서는 '이렇게 하면 저렇게 잘 될 수 있다'라는 본보기가 생겼다. 김 코치는 "비시즌에 신인들이 들어왔을 때 인터뷰를 하면 김원중을 본보기로 삼으라고 조언한다"라며 "다들 그렇게 하는 게 좋은 걸 알지만 스스로를 컨트롤하기 쉽지 않다 보니 다 못 따라하더라. 대부분의 선수들이 따라하다가도 결국 못하고 다른 방법을 찾게 된다"고 밝혔다.

특히 선수들이 종종 술을 마시면서 스트레스를 풀곤 하는데 이는 몸 관리에 치명적이다. 김 코치는 "어깨를 100% 써야 하는 투수들은 항상

야구
선수
**김
원중**

염증을 달고 사는데 술이 들어가면 좋지 않다. 그게 쌓이다 보면 정말 좋지 않게 된다"라고 말했다. 롯데 투수진에서는 김원중, 박세웅, 구승민 등의 선배급이 술을 마시지 않는다. 그래서 다른 선수들에게도 "웬만하면 먹지 말아라"라고 권할 수 있다.

그동안 지켜봐온 김원중에게는 "그냥 안 아프고 몸 관리 잘해주면 그게 베스트"라는 말을 건넸다. 트레이닝 코치에게는 관리 잘 하고 좋은 성적 내는 선수가 최고의 보람이고 고마운 마음이다. 김 코치에게는 김원중이 그런 존재다.

왜 롯데 팬은 김원중에게 열광하는가
왜 우리는 이 남자를 사랑하는가

지금까지 절친이나 가까운 사람들의 이야기를 들어봤다면, 이번에는 왜 많은 팬들이 김원중이라는 선수에게 열광하는지 다른 시선이 담긴 이야기를 해보려 한다.

김원중은 데뷔 초기에 곱상한 얼굴로 여성 팬들의 인기를 한 몸에 받았다. 그러다 머리카락을 기르고 마무리투수로 나서기 시작하면서 오히려 여성 팬들보다는 남성 팬들에게 인기가 더 많아졌다. 머리카락을 휘날리며 마운드에 우뚝 서 있는 모습이 수많은 남성들의 마음을 빼앗았다. 과거 '원중 언니'라는 별명 때와는 다르게 야생마 같은 매력이 남성 팬들의 마음을 사로잡은 요인인 것이다.

2024년 6월 26일에는 특별한 시구가 이목을 끌었다. 김원중의 팬이 경기의 시작을 알리는 투구를 했다. 바로 배우 허준석이었다. 허준석은 이날 긴 머리 가발을 쓰고 마운드에 올랐다. 그가 흉내 낸 선수가 김원중이었다. 마운드 위에서 김원중이 선보이는 스텝을 그대로 따라한 허준석은 공을 시원하게 던졌다. 허준석이 선보인 시구는 큰 화제를 모았

Chapter 4.
김원중을
바라보는 사람들,
김원중과
함께하는 사람들

고 각종 영상으로도 많은 조회수를 기록했다. 롯데 공식 유튜브 채널 Giants TV에 허준석의 시구가 담긴 영상은 무려 40만 회의 조회수를 자랑한다.

허준석은 부산 출신으로 '천만 영화'인 영화 〈극한직업〉과 드라마 〈멜로가 체질〉 등에 출연했다. 작품마다 알토란 같은 연기로 익숙한 얼굴이다. 그랬던 그가 사직구장에서 갑자기 김원중을 흉내내는 시구를 한 것이다. 김원중을 향한 남성 팬들의 시선이 궁금했던 기자는 롯데 구단을 통해서 허준석과 연락할 방법을 찾았고 다행히 연락이 닿았다. 작품 촬영으로 바쁜 상황이었음에도, 김원중에 관한 책을 쓴다고 자초지종을 알리자 흔쾌히 답을 해줬다.

알고 보니 허준석은 뼛속부터 롯데 팬이었다. 부산 출신의 허준석은 스스로를 '모태 롯데 팬'이라고 지칭했다. 그는 "유치원 때부터 야구를 좋아하는 동네 아저씨를 따라가서 응원했던 기억이 생생하다"라고 했다. 그가 좋아하는 '최애' 선수는 단연 김원중이다. 허준석은 "지금까지 롯데에 대단한 선수들이 워낙 많았기 때문에 특별히 더 좋아한 몇몇 선수들이 따로 있었다. 지금의 롯데에서는 김원중 선수를 가장 좋아한다"라고 했다.

허준석이 김원중을 좋아하는 이유는 그가 '클로저'이기 때문이었다. 경기를 승리로 끝내기 위해 마운드에 오르는 김원중의 모습을 보고 반했다. "롯데의 모든 선수들이 다 대단하다고 생각하고 열심히 응원하고 있지만, 이기고 있는 경기를 승리로 마무리 지어야 하는 클로저는 정말 엄청난 부담과 압박을 견뎌내야 하는 것 같다"고 말했다.

오랜 롯데 팬답게 김원중이 어떻게 지금의 자리에 오르게 되었는지 그 과정도 잘 알고 있었다. 김원중이 선발투수로 시작했다가, 마무리투수로 전향해 진화해가는 과정을 모두 지켜봤다. 허준석 역시 김원중에게 마무리투수가 제격이라고 봤다. 그는 "김원중 선수가 마무리투수를

야구
선수
**김
원
중**

할 때 더 빛이 났던 것 같다"고 했다.

특히 허준석의 마음을 사로잡은 건 김원중의 눈빛이었다. 허준석은 "어떤 상황에서도 승리를 원하는 그의 눈빛이 굉장히 인상적이었다"고 했다. 배우의 시선으로 바라본 김원중의 눈은, 눈빛은 확실히 달랐다. 허준석은 "연기를 할 때 배우의 눈은 많은 걸 담고 표현해야 하는데 김원중 선수가 나에게는 영화나 드라마에 나오는 배우 같았다. 투지와 배짱도 어느 선수보다 대단하다고 생각한다"고 말했다. 허준석에게는 김원중이 마운드에 오르는 그 순간이 어떤 드라마, 어떤 영화보다도 몰입감을 높인 것이다.

골수 롯데 팬 영화배우 허준석 시구자로 나서 김원중 완벽 재연

이렇게 롯데를 지켜보고, 김원중이라는 선수를 동경하던 차에 롯데로부터 시구 섭외가 들어왔다. 사직구장에서 시구를 하는 건 허준석의 삶에 있어서 오랜 '버킷리스트' 중 하나였다. '꿈은 이루어진다'고 했던가. 롯데의 시구 요청은 그에게 엄청난 기회였다.

거절할 이유가 하나도 없었다. 허준석은 "꿈이 현실이 되니까, 그 사실 자체가 꿈만 같았다"고 했다. 시구 제의를 받기 전부터 이미 그 순간을 항상 꿈꿔왔다. 유명 베스트셀러 자기계발서 『시크릿』에 나오는 끌어당김의 법칙처럼 허준석이 롯데 경기를 보며 마음 속으로 오래오래 꿔왔던 꿈이 그를 시구로 이끈 것이다.

허준석은 "만약 언젠가 내가 사직야구장에서 시구를 하게 된다면 이렇게 해야지 준비를 해왔다"며 "운 좋게도 딱 좋은 타이밍에 시구 제안을 해주셨다"고 했다. 일이 풀리려니까 시구를 할 수 있는 시간도 마련되었고, 허준석은 한달음에 달려갈 수 있었다.

Chapter 4.
김원중을
바라보는 사람들.
김원중과
함께하는 사람들

141

가장 먼저 한 건 가발을 준비한 것이었다. 가발을 구입한 뒤에는 투구 동작 연습을 했다. 그런데 크게 어렵지는 않았다. 허준석은 "항상 매일같이 찾아보던 거라서 어렵지 않게 생각했다"고 했다.

생각보다 많은 준비를 할 필요가 없었다. 허준석은 "왜냐하면 평소에 늘 따라해왔다. 나에겐 김원중 선수의 투구 폼을 보고 따라하는 게 그냥 일상이었다"고 했다. 동경하는 대상을 따라서 흉내를 내는 건 배우

야구선수 김원중

이자 야구팬인 허준석이 항상 해왔던 일이었기 때문에 그의 일상에 다른 변화를 줄 필요도 없었다.

대신 디테일적인 면을 추가하고 싶었다. 허준석은 김원중이 항상 생수를 한번 들이켜고 병을 집어 던진 뒤 전력으로 마운드에 달려가는 피칭 이전의 모습까지 연습했다. 허준석은 "눈빛과 피칭, 그 전후의 동작까지도 연습했다"고 말했다. 배우라는 직업을 갖고 있다 보니 김원중의 작은 동작까지 세세히 포착할 수 있었다.

사직구장에 도착한 후 시구 연습은 나승엽이 도와줬다. 허준석은 "옆에서 정말 잘 지도해줬다"고 떠올렸다. 그런데 시구를 앞두고 있다 보니 걱정이 하나 생겼다. 경기 전, 롯데 관계자들에게 조심스럽게 '가발을 쓰고 싶은데 김원중 선수가 어떻게 생각할지 괜찮을지 걱정이다'라고 했다. 그랬더니 직접 김원중을 불러줬다.

허준석은 "가발을 쓴 채 기다리던 내 모습이 얼마나 희한했을까"라고 떠올렸다. 김원중이 자신을 따라한 모습을 보고 어떠한 반응을 보일지 걱정이었다. 혹시나 자신의 모습을 희화화하는 것으로 느껴 언짢아하진 않을지도 걱정이었다. 선수에게는 자신이 가진 일정한 루틴일 텐데 시구를 하면서 그런 흉내를 내도 될까 하는 걱정이 슬며시 든 것이었다. 이런 걱정들은 혹시나 김원중에게 폐를 끼칠까 하는 생각에서 나온 우려였다.

하지만 기우였다. 걱정과는 다르게 김원중이 오히려 반길 정도였다. 김원중은 아주 화끈하게 "너무 좋다. 할 거면 제대로 해달라"고 했다. 허준석은 그때를 회상하며 "흔쾌히 허락해줬다"고 말했다.

다시 떠올려보면 허준석의 기억 속에 김원중도 조금은 부끄러워했던 것 같다. 허준석은 "어이없어 할 수도 있고, 경기에 방해되지 않을까 걱정했는데 너무 좋아해주고, 웃어주고, 살짝 부끄러워한 것 같기도 하다"며 웃었다.

Chapter 4.
김원중을
바라보는 사람들,
김원중과
함께하는 사람들

막상 시구를 할 때가 되자 너무 떨렸다. 허준석의 친구들도 사직구장을 찾아 그가 공 던지는 모습을 봤다. 허준석은 "친구들이 내 다리가 사시나무처럼 떨리는 걸 봤다. 내 인생에서 이렇게 떨린 적은 손에 꼽히는 것 같다"고 했다.

스스로는 떨렸다고 했지만 시구 동작은 완벽했다. 김원중이 종종 마운드에서 선보이는 스텝을 밟는 동작을 정확하게 따라했다. 가발도 전혀 어색하지 않았다. 시구를 마치고 가발을 벗을 때까지만 해도 허준석이 가발을 쓰고 있었다는 사실을 알아챈 사람들이 현장에 거의 없었다.

준비한 동작을 다 선보이고, 공까지 무사히 던졌지만 한 가지 아쉬운 게 있었다. 허준석은 "재미있게 준비를 했지만 구속 100km/h를 찍고 싶었는데 그게 제일 아쉽다"고 했다. 자신이 언제 또 사직구장 마운드에 설 수 있겠는가? 기왕이면 일반인이 던질 수 있는 최고의 구속인 100km/h를 찍어보고 싶었는데 너무 떨다 보니 그 정도의 강속구를 던질 수는 없었다.

시구를 한 뒤에도 행복한 시간이 계속됐다. 김원중이 직접 찾아와서 허준석에게 "고맙다"라고 했다. 허준석이 "진짜 하길 잘 했다 싶었다"라고 떠올린 순간이었다.

허준석은 그날 경기의 '승리 요정'이 됐다. 경기 내용도 극적이었다. 롯데는 KIA에 5회까지 2-4로 뒤처져 있었다. 그러다 경기 후반부에 득점을 뽑아냈다. 7회 상대 불펜을 공략해 3점을 뽑아냈고 8회에도 추가 1점을 내 6-4로 승리했다. 심지어 김원중이 등판해 9회를 마무리했다. 당시 1위를 기록 중이던 KIA를 상대로 거둔 역전승이라 더욱 기쁨이 컸던 승리였다.

승리 요정이 된 허준석 롯데와 김원중 끝까지 응원할 것

경기가 끝난 뒤에는 김원중에게서 인스타그램 DM(다이렉트 메시지)도 받았다. 허준석은 "너무 감동했다. 지금도 가끔씩 응원차 연락을 주고받는 사이가 됐다"고 했다. 허준석은 그날의 기억을 인스타그램에 '박제'했다. 그는 김원중과 함께 찍었던 사진을 올리면서 "많이 떨렸던, 많이 소리쳤던, 많이 행복했던"이라고 표현했다. 얼마나 기분이 좋았으면 피드를 두개나 올렸다.

김원중에 대해서는 "그저 빛"이라고 표현했다. 허준석은 "내가 코스프레 해도 되나 조심스러웠는데 흔쾌히 허락해줘서 잊지 못할 추억을 만들었다. 역전에 마무리 등판에 승리까지 행복했다"라고 적었다. 해시태그로 '원중언니 당신만 바라볼게요', '사랑해요'라는 문구도 달았다.

이날은 허준석에게 평생 잊을 수 없는 하루였다. 허준석은 "롯데 구단 측은 물론 팬분들도 너무 좋아해주셔서 정말 행복했다"고 했다. 행복했던 건 허준석만이 아니었다. 그날 사직구장을 방문한 팬들은 물론

Chapter 4.
김원중을
바라보는 사람들,
김원중과
함께하는 사람들

롯데 선수들도 웃음이 가득한 날이었다. 모두가 행복한 날이었다.

김원중에게 그때 미처 다 하지 못한 말이 있었다. 허준석은 "지금까지 선발투수부터 중간계투, 마무리투수까지 다양한 보직을 묵묵히 해왔는데 오랜 시간 많은 노력을 해왔기에 지금의 김원중 선수가 있는 것이라고 생각한다"며 "롯데 팬의 마음으로 항상 응원하고, 부상 없이 오래오래 보고 싶은 마음이다. 지금처럼 계속 롯데의 원클럽맨이 되어 달라"고 했다.

마무리투수 김원중은 롯데를 응원하는 허준석의 자부심이었다. 그는 "한 팀을 열렬히 응원하는 팬들은 사실 다른 팀의 선수들을 많이 세세히 알기는 어렵다. 하지만 롯데의 마무리가 누군지는 야구를 좋아하는 사람이라면 누구나 다 알지 않을까 믿어 의심치 않는다. 그만큼 롯데의 상징 같은 존재가 되지 않았나 생각한다. 다른 수식어가 필요하지도 않다. 김원중은 그냥 김원중"이라며 찬사를 아끼지 않았다.

그러면서 자그마한 바람도 표했다. 허준석은 "개인적으로는 가끔씩 어쩌다 한번 같이 밥 먹을 수 있는 사이가 되면 너무 좋을 것 같다"고 말하기도 했다. 끌어당김의 법칙으로 시구를 했던 것처럼 김원중과도 언젠가는 그런 사이가 될 수 있지 않을까?

이렇게 남자들의 팬심을 가져오는 이유는 뭘까. 허준석은 "어려운 경기를 꼭 이겨야 하는 순간에 어김없이 김원중 선수가 등장을 한다. 그는 롯데 구단에게도, 팬들에게도 믿음이다. 그의 눈빛을 보라"고 했다. 그의 믿음이 남성 팬들을 야구장으로 향하게 하는 것이다.

허준석의 믿음은 두터웠다. "지금까지도 그리고 앞으로도 김원중 선수는 롯데의 뒷문을 지킬 거라고 믿는다. 그의 진심이 팬심이 된다"고 말했다. 김원중이 마운드에서 보여주는 퍼포먼스가 팬들에게도 와닿았기 때문이다.

허준석은 "롯데 야구를 사랑하는 팬들의 마음, 팬심은 정말 어마어마

야구
선수
**김
원중**

 한 것 같다. 나 역시 그렇다"며 "그만큼 롯데 감독, 코칭스태프, 선수 모두 잘해야 한다는 부담이 클 거라 생각한다"며 팀을 이끄는 김태형 롯데 감독의 마음도 이해했다.

 그 마음을 잘 알기에 김원중의 존재가 얼마나 중요한지 또 한 번 느낀다. 어쨌든 김원중이 많은 세이브를 올리면 팀이 잘 되는 것이기 때문이다. 또 그만한 부담감을 가지고 있는 것도 너무나도 잘 안다. 허준석은 배우, 김원중은 프로야구 선수로서 각자 다른 무대에서 일을 하지만 모두 자신의 일에 진심이다. 진심인 사람들끼리는 굳이 말하지 않아도 그 진심을 알아챌 수 있다.

 허준석이 흉내냈던 그 긴 머리는 이제는 사라졌다. 김원중이 FA 계약을 한 뒤 트레이드 마크인 머리카락을 잘라낸 것에 대한 아쉬움은 없을까? 허준석은 "장발도 멋지지만 예전 리즈 시절의 꽃미남 때를 다시 볼 수 있지 않을까 하는 기대가 크다. 솔직히 장발 때는 모자가 다 안 들어가는 느낌이 살짝 있었다"며 웃었다.

 단 한 가지 개인적인 아쉬운 점이 있다. "자선 이벤트 경기 때 긴 머리를 양 갈래로 묶고 던지는 모습을 한번 봤다면 좋았을 걸 하는 마음이 있기는 하다."

Chapter 5.
하나에 빠지면 미친다! 좋은 건 끝까지 간다

김원중 그리고 리그 오브 레전드
그가 살고 있는 또 다른 승부의 세계

　김원중을 좋아하는 팬들이라면 어느 정도 알고 있는 사실이지만, 그의 취미를 딱 하나 꼽자면 단연 이것이 떠오른다. PC 게임 '리그 오브 레전드(League of Legend)'다. 이른바 롤(LoL)이라고 부르는 이 게임은 2009년 북미 시장에서 처음으로 서비스를 시작했다. 한국에서는 2년 뒤인 2011년 12월부터 정식 서비스가 시작됐는데 순식간에 국내 최고의 인기 게임으로 떠올랐다.

　게임의 간단한 개요는 이렇다. 양 팀이 서로 상대 기지를 파괴하기 위해 전투를 벌이는 대결이다. 단순히 유저들이 즐기는 게임에만 그치는 게 아니라 각 나라를 대표하는 선수, 팀이 모여 대회를 열고 경쟁하는 최고의 e스포츠 종목으로도 알려져 있다.

　국내에서의 인기도 상당하다. 2024년 10월 라이엇게임즈가 LoL 출시 15주년을 맞아 그해 국내 서버 통계를 공개했다. LoL은 단연 압도적으로 국내 PC방 점유율 1위를 기록 중이었고 통계청 장래인구추계 기준 전체 10대 남성의 70%, 그러니까 10대 청소년 남학생들은 10명에 7명이 LoL을 즐기는 것으로 나타났다.

　게임을 잘 모르는 사람들도 페이커라는 이름은 들어봤을 것이다. 페이커는 LoL의 '황제'로 불린다. 세계 무대에서 정상급 활약을 펼치는 톱플레이어다. LoL 월드 챔피언십 우승도 가장 많이 차지했다. 사상 최초로 5회 우승을 기록했다. 2022년 항저우 아시안게임에서도 금메달을 획득했다.

　야구선수들 중에서도 LoL을 좋아하는 선수들이 많다. 김원중도 그중 하나다. 야구선수들 사이에서 LoL 대회가 열리면 김원중은 반드시 참가하는 선수 중 한 명이다. 앞서 원중, 성중, 희중 3형제 얘기 때도 잠

Chapter 5.
하나에 빠지면
미친다!
좋은 건
끝까지 간다

시 언급했지만 김원중은 어릴 적부터 PC로 게임하는 것을 좋아했다. 동생들과 사이가 좋은 김원중이 유일하게 투닥거린 때가 컴퓨터를 두고 게임을 할 때였다.

훈련이나 경기를 마치고 집에 들어가면 게임을 하곤 했다. 그때 컴퓨터를 서로 차지하려고 싸우는 일이 빚어질 때가 있었다. 그 정도로 김원중도 두 동생도 게임하는 것을 즐겨했다. 마구마구, 메이플 스토리, 서든어택, 던전앤파이터 등 당시 또래 친구들 사이에서 유행하는 게임은 한 번씩 꼭 해봤다.

김원중이 처음으로 LoL을 접한 건 상근예비역으로 군입대 후 개인정비 시간을 보내던 시절이었다. 주말이나 쉬는 날이 있으면 선임, 후임이 너나 할 것 없이 PC방으로 향했다. 김원중도 함께 PC방에 같이 가곤 했는데 그때마다 동료들이 모두 LoL을 하고 있었던 것이다. 김원중이 "무슨 게임인지 물어봤더니 LoL이라고 하더라"고 했다. 김원중과 LoL의 인연은 이때부터 시작했다.

그런데 얘기를 들어보니 좀 특이한 부분이 있었다. 누구라도 어떠한 게임을 처음 하게 되면 '비기너'라고 표현되는 초급자 레벨부터 수행한다. 해당 게임 시리즈의 전작을 해봤거나 경험이 있는 경우가 아니라면 보통 비기너 모드로 시작하고, 게임에 익숙해지면서 차츰 레벨을 올리면서 어려운 단계에 돌입하는 것이 일반적이다.

하지만 김원중은 시작부터 남달랐다. 김원중은 "그때 당시에 베인이라는 챔피언이 가장 어렵다고 하더라. 처음 게임을 알려준 동료가 '이건 어렵다. 초보자는 하면 안 되는 거다'라고 했는데, 그냥 그걸 도전했다. 쉬운 길은 재미없을 것 같아 선택하지 않았다"라고 했다.

그게 김원중의 LoL의 시작이었다. 이기든, 지든 상관없이 일단 시도해보는 건 야구를 떠나서도 그때부터 여전했다. 그는 "그때부터 지금도 똑같이, 뭐든 어려운 것만 시도해오고 있다"고 했다.

당시만 해도 LoL이 워낙 유행인데다 선후임병들이 다 같이 할 수 있는 게 많지 않았기 때문에 게임은 서로가 가까워질 수 있는 매개체 중 하나였다. 처음에는 PC방에서 함께 즐거운 시간을 보내고 친목을 다지는 계기로 시작했지만 김원중은 점점 그 게임에 푹 빠져들었다. 소통의 수단으로 시작했던 게임이 이제는 김원중의 생활에서 없어서는 안 될 정도로 좋아하는 취미가 됐다.

하나에 꽂히면 파고드는 성격이 게임에서도 똑같이 적용됐다. 군대에서 자유 시간에 별 생각없이 시작한 게임을 아직까지도 즐기고 있는 것이 좀 놀라울 정도다. 군대에서는 특별히 스트레스를 풀거나 즐길 만한 것들이 많지 않았을 테니 이해할 수 있지만, 병역을 마치고도 이미 10년이 더 됐다. 상근예비역으로 입대한 해가 2013년이었고 지금은 2025년이니 10년 이상 같은 게임이 취미인 것이다.

LoL은 잠시 야구를 잊게 해준다
게임에는 분명 리프레시 효과가 있다

그런데 김원중이 게임을 하는 건 단순히 재미를 찾으면서 시간을 보내기 위함이 아니다. 게임을 취미로 선택한 건 플레이를 하는 그 순간만큼은 야구에 대한 생각을 하지 않을 수 있어서다. 한 마디로 말하면 게임이 스트레스 해소를 넘어 멘털 관리법의 일종인 것이다.

야구를 업으로 삼고 있는 사람, 프로야구선수로서 야구 생각을 하지 않을 수가 없다. 하지만 김원중은 마냥 야구 생각에만 빠져 있는 게 결코 좋지 않은 것이라는 걸 잘 안다. 지난 경기에 대해 복기하고, 다음 경기를 준비하는 시간은 확실히 필요하다. 하지만 하루 종일 그에 대한 생각을 붙잡고 있다고 해서 반드시 좋은 결과로 이어지리라는 법은 없다. 오히려 그날 경기의 안 좋은 기억이 이어지면 다음 경기에 안 좋은

Chapter 5.
하나에 빠지면
미친다!
좋은 건
끝까지 간다

영향을 미칠 수가 있다. 김원중은 명확히 선을 긋는 법을 잘 알았다.

김원중은 "만약에 경기에서 내가 안타를 맞고, 실점을 했다면 경기 마치고 집에 돌아와서 경기 영상을 계속 보고 있어봐야 결국 나만 힘들고 괴롭다. 그래서 내가 어느 정도 판단을 내린다. 이건 이래서, 저건 저래서 안 됐고, 다음부터는 이렇게 해야겠다, 그런 식으로 판단이 섰을 때에는 야구 영상을 그만 보기로 한다"라고 했다.

그래서 그날 경기에 대한 분석을 마치고 나면 남은 시간은 게임을 하기로 했다. 그렇게 자신의 생활 패턴을 확실하게 '정립'해놨다. 야구에 대한 생각을 잊고, 리프레시할 수 있는 시간을 갖기 위함이다.

김원중은 "굳이 이미 나온 결과에 대해 더 생각해서 뭐 하나. 결국 나에게 '프레셔'를 더 줄 뿐이다. 그래서 그걸 안 하려고, 방지하기 위해서 게임을 계속하는 것이다. 게임이라는 취미로 그걸 잊는 것이다"라고 설명했다.

게임 역시 승패가 갈린다는 점에서는 야구와 비슷하다. 과거에는 단순히 게임을 '오락'으로 분류했지만 지금은 시대와 세대가 바뀌어 이제는 게임을 e스포츠라고 한다. 직접 몸을 부딪혀 싸우지는 않지만 승부가 갈리고, 플레이하는 사람들의 체력은 물론 집중력이 요구되고 전략과 기술이 필요하다는 점에서는 스포츠로 분류가 된다.

특히 김원중이 LoL을 통해 느끼는 희열은 자신이 어떻게 하느냐에 따라서 결과물이 나온다는 점에서 나온다. 특히 LoL은 AOS 장르의 게임인데 김원중은 "상황마다 벌어지는 일이 다르고 내가 어떻게 하느냐에 따라서 경기도 많이 달라진다. 수백 가지 상황들이 있는데 거기에 몰입을 하다 보면 결국 일상생활에서 받는 '프레셔'를 잊을 수 있다"고 했다.

야구 경기에서, 그 과정 안에서 김원중이 선수로서 할 수 있는 역할은 제한적이다. 야구는 9명의 야수들이 선발 라인업에 포진하고, 투수

가 마운드에 오른다. 김원중은 투수 중에서도 경기 후반, 특히 3점차 이내로 접전을 펼치는 상황에서 마운드에 오르기 때문에 김원중이 경기 전반에 경기 시간 내내 변화를 줄 수 있는 방법은 많지 않다. 하지만 게임은 다르다.

이런 재미로 김원중은 자주 LoL을 한다. 팬들은 김원중의 행방을 알아볼 때 LoL에 접속했는지 여부를 찾아보곤 한다. FA 계약이 발표되기 전에는 게임에 접속하지 않았다는 이유로 '도장을 찍으러 갔다'는 풍문이 돌 정도였다.

마이 롤 네임 이즈 전세민
아끼고 응원하는 후배의 이름으로

아이디(ID)를 검색하면 해당 유저의 접속 기록을 알 수 있기 때문에 팬들도 김원중의 게임 일지를 알 수 있다. 그의 아이디는 바로 '전세민'이다. 뭔가 좀 만화 주인공 같은 이름이다. 김원중이라는 이름과는 완전히 다른 느낌의 이름이다. 그런데 이 ID에 새겨진 이름은 놀랍게도 실존하는 인물이다. 바로 김원중의 고향 1년 후배다.

사실 이 아이디에는 나름의 사연이 있다. 처음 아이디를 만들려고 바꾸다 보니까 김원중의 이름은 이미 다른 사람이 선점한 상태였다. 그 다음으로 가장 친한 선배인 구승민의 이름도 쳐봤는데 이 이름 역시 이미 주인이 있었다. 롯데 선수들의 이름은 대부분이 '레어닉(흔하지 않는 닉네임. 드문, 희귀한이란 뜻의 rare와 닉네임이 결합한 단어)'이다. 이미 롯데 팬들이 김원중의 이름이 들어간 아이디를 선점한 것이다.

그래서 김원중은 '로스트아크'라는 게임이 오픈했을 때에는 소위 말하는 '오픈런'으로 아이디를 등록했다. 같은 날 가장 친한 팀 동료인 구승민의 이름을 아이디로 등록했다. 반대로 구승민의 아이디는 김원중

야구
선수
**김
원중**

이다.

 이렇듯 그 게임이 완전히 새롭게 다시 출시되지 않는 이상은 아이디를 선점하기는 힘들다. 김원중처럼 널리 알려진 이름이면 더 그렇다. 심지어 김원중의 동명이인인 모델도 유명한 셀럽이다. 이렇다 보니 자신의 이름을 아이디로 쓰고 싶어도 쓸 수 없는 웃픈 사연이 생겼다.

 주변 사람들의 이름을 하나둘 검색해보던 김원중은 후배 전세민의 이름이 기억이 났다. 그래서 입력했더니 이건 등록이 됐다. 자신의 이름이 선배의 게임 아이디로 쓰이는 것을 그 후배는 알까? 이미 이름의 주인에게 허락을 받았다. 김원중은 "이 친구도 약간 좀 관종이다"라고 말했다.

 그런데 이 전세민이라는 후배는 보통 친구가 아니다. 김원중에게 긍정적인 영향을 주는 인물이다. 김원중은 "세민이는 초중고 후배인데 프로에서 뛰지는 못했다"라고 말했다. 학강초-동성중-동성고 초중고 라인을 그대로 이은 말 그대로 '직속 후배'다. 김원중의 말을 빌리자면, 독립리그에까지 가서 야구를 하며 열정을 불태운 후배다.

 하지만 우리 모두가 알고 있듯이 현재 KBO 리그에 전세민이라는 선수는 없다. 결론만 말하자면 후배 전세민은 프로야구 선수가 되지는 못했다. 그러나 야구를 해왔던 그 과정에 대해 듣자면 그 누구보다 끈기가 있었다.

 고등학교를 졸업한 뒤 프로팀의 지명을 받지 못했고, 육성 선수로조차 기회를 받지 못한 전세민은 독립리그 야구팀에서 야구 인생을 이어가면서 끝까지 포기하지 않았다. 하지만 프로 무대에서 뛰지 않는 이상, 야구선수로서의 생활을 이어가기 힘들다. 프로 선수가 되지 못한 대부분의 사람들이 생활고라는 어려움을 겪는다.

 그를 아는 사람들이라면 누구든 다 돕고 싶어했다. 선배 김원중도 마찬가지였다. 야구에 대한 꿈을 계속 꾸는 후배를 위해 글러브, 배트 등

Chapter 5.
하나에 빠지면
미친다!
좋은 건
끝까지 간다

을 좋은 제품으로 구해다 선물로 주곤 했다. 배트 같은 경우에는 롯데 야수 형들에게 양해를 구해서 몇 자루씩 얻어오곤 했다. 그리고 "야구 열심히 하자, 잘 해보자"라고 짧게 격려하며 건네줬다.

광주 원정 경기가 있거나 비시즌 광주에 가서 훈련을 할 때면 꼭 만나는 친구다. 힘든 시간을 보냈지만 언제나 씩씩했다. 김원중은 "그 친구는 우리가 많이 도와줬다고 생각할 수 있을 텐데 사실 내가 그 친구에게 많이 배운 것 같다"라고 했다.

김원중은 고등학교를 졸업하자마자 1순위로 프로 무대에 데뷔하는 데 성공했다. 하지만 바늘 구멍 같은 프로의 문을 여는 건 누구라도 쉽지 않은 일이다.

프로야구는 1982년 출범 이후 매 시즌 신인 드래프트를 통해서 선수를 선발한다. 그 중에서도 선택을 받는 선수들은 단 110명에 불과하다. 2024년 열린 신인 드래프트에서 지원자는 총 1,197명이나 됐다. 그 중 10% 정도가 프로 무대에 입문하는 데 성공했고 90%는 구단들의 선택을 받지 못했다.

지명을 받지 못한 선수들은 따로 프로팀의 테스트를 통해 육성 선수로 입단하기도 하고 혹은 대학교 진학을 통해 더 실력을 쌓고 다음 기회를 노리기도 한다. 그러나 프로야구 신인 선수들은 거의 고졸 비중이 대부분이다. 간혹 독립리그에서 프로로 데뷔하는 사례가 나오기는 하지만 매우 드물다.

김원중의 후배 전세민은 그 바늘구멍을 통과하지 못한 이들 중 하나였다. 대부분이 신인 드래프트에서 지명을 받지 못하면 어쩔 수 없이 야구를 포기하곤 하는데 전세민은 포기하지 않았다. 적어도 자기 자신만큼은 언젠가 프로야구선수가 될 것이라는 확신을 하고 있었다.

김원중은 "미래에 프로를 갈 수 있다는 확실한 가능성이 없지 않나? 그래도 결국 어떻게든 길을 찾아서 하려고 했다"라고 떠올렸다.

야구
선수
**김
원중**

 미래가 깜깜했지만 후배는 언제나 긍정적인 마인드를 잃지 않았다. '배운 게 도둑질'이라는 말처럼 초등학교부터 쭉 야구선수로서 길을 계속 걸어왔기 때문에 다른 길을 택하기 쉽지 않았던 것도 있었을 것이다. 하지만 어떤 마음에서든 "난 야구를 해야 한다, 무조건 야구로 성공한다"라고 말하곤 했다. 이런 마인드는 선배 김원중에게도 깊은 울림을 줬다.

 1년 동생의 꺾지 못할 의지는 김원중이 마무리투수를 할 때도 도움이 됐다. 김원중은 "내가 마무리투수가 된 후 첫 시즌을 소화할 때였다"라며 당시의 추억을 떠올렸다. 그는 "프로에 입단하지 못한 친구는 야구를 죽자사자 하고 있는데, 나는 그래도 프로 구단에 입단해서 심지어 한 자리를 맡아서 하고 있지 않나? 그런 생각을 하니 해이해져서는 안 된다는 생각이 들더라"고 했다. 후배의 땀방울은 그에게 정신이 번쩍 들게 한 계기가 됐다.

 전세민을 볼 때마다 초심이 떠올랐다. 프로에 데뷔하기 위해 꿈꿔왔던 시간들을 다시 새길 수 있게 한 친구다. 김원중은 "나도 진짜 목숨 걸고 해야 되는구나 그런 생각이 들 정도였다. 그렇게 마음을 잡을 수 있는 상황을 나에게 보여줬다"라고 했다.

광주 지역 선배들은 물론 롯데 선수들까지 야구 후배 지원

 후배 전세민은 김원중의 마음만 울린 것이 아니었다. 그를 비롯해 삼성 이성규, 그리고 지금은 은퇴한 강경학 등 같은 학교 출신 선배 선수들 여럿이 후배를 돕기 위해 발벗고 나섰다. 모두 비슷한 생각에서 도움을 준 게 아닐까 싶다.

 광주 선후배끼리는 소위 말하는 '집 안에 숟가락이 몇 개인지도 안다'

는 표현처럼 서로 가까이 지냈다. 후배가 씩씩하게 야구를 하고 있지만 사정이 어렵다는 걸 모두가 다 잘 알고 있었다. 집안 사정까지 다 꿰고 있을 정도로 가까운 사이이기도 했다.

김원중은 "야구를 하는 데 있어서 비용 같은 부분에서 부담이 되어 못 하는 일은 없었으면 좋겠다고 생각해서 물심양면으로 돕고 싶었다"라고 했다. 이 과정에서 롯데 전준우, 정훈 등의 선배들이 별다른 친분이 없음에도 배트를 기꺼이 내어줬다. 김원중은 아직도 자신의 부탁과 요청에 아낌없이 소중한 장비를 내준 선배들을 생각하면 고마운 마음이 너무 크다.

김원중은 구단 스카우트에게 전세민이라는 선수를 한번 체크해봐줄 것을 권유해보기도 했다. 물론 판단은 스카우트의 몫이고 자신이 적극적으로 추천한다고 해서 한 명의 선수를 팀으로 데려올 만큼 영향력을 행사할 수 없다는 것은 잘 알고 있다. 어쨌든 구단에서는 팀에 도움이 되는 방향으로 전력을 꾸리기 때문에 냉정하고 정확한 판단이 뒤따른다. 그래서 적극적으로 추천을 해볼 수는 없었지만 "이런 선수가 있는데 어때요?"라고 언급하는 정도의 추천은 했다. 그만큼 후배가 프로에 뛰었으면 하는 바람이 컸다.

앞에서도 언급했듯이 그 친구는 결국 꿈을 이루지 못했다. 잘 버티던 후배의 의지는 결국 코로나19가 닥치면서 꺾였다. 팬데믹은 전세계를 덮쳤다. 우리가 평소 겪었던 일상이 모두 멈췄다. 길거리에는 문을 닫은 가게들이 즐비했고, 사람들이 삼삼오오 모이는 일도 사라졌다.

야구계도 마찬가지였다. 코로나19로 인해서 한동안 무관중으로 시즌을 소화해야만 했다. 프로야구에 있어서 관중 수입이 없다는 건 치명적이었다. 자연스럽게 야구단들이 허리띠를 졸라맬 수밖에 없었던 상황이었다. 이렇다 보니, 새로운 선수를 뽑는 일도 과거에 비해 드물어졌다.

야구
선수
**김
원중**

　반드시 프로에 가겠다고 다짐했던 후배의 의지도 흔들릴 수밖에 없었다. '현실'이 꿈을 가로막을 수밖에 없었던 상황이었다. 김원중은 도전을 관두려는 후배에게 "후회하지 않겠느냐. 미련이 없을 때까지 한 번만 해보라"고 권유를 하기도 했다.

　후배 전세민은 오랜 꿈을 접고 결심하는 순간에도 똑부러졌다. "올해 딱 1년만 더 해보겠다"라고 선언한 뒤 마지막 도전까지 해보고 결국 프로 입단의 꿈을 접었다. 하지만 여전히 야구를 놓지 않고 야구를 매개로 하는 커리어와 인생을 이어가고 있다. '선수'로서의 인생을 마무리했지만 바로 지도자 자격증을 땄다. 야구를 향한 마음이 그만큼 컸던 것이다.

　김원중은 "그 친구가 정말 똑똑하다. 1년 동안 자격증을 준비해서 바로 자격증을 따냈다. 지금은 화순중학교에서 코치를 하고 있다"라고 근황을 전했다. '뭐든 할 수 있었던' 후배는 프로 선수로서 이름을 선보이지는 못했지만 김원중의 게임 아이디로 덩달아 유명해졌다. 함께 게임을 즐기고 자신의 이름이 김원중으로 인해 언급될 되는 상황 역시 재미있게 즐긴다.

　후배의 이름으로 게임을 하다 보니 재미있는 상황도 종종 생긴다. 가령 게임을 하는 상대가 김원중에게 욕을 했는데 아이디가 '전세민'이기 때문에 실제로 게임 채팅 중 욕설의 대상자가 되는 것은 이름의 실제 주인인 후배 전세민이다. 게임은 김원중이 했는데, 같이 게임을 하다가 옆에서 욕을 먹게 되면 다른 사람이 더 열을 내는 재밌는 모습이 연출된다. 그래서 김원중에게 장난스럽게 화를 내기도 한다. 게임을 하면서 아무나 겪을 수 없는 에피소드들이다.

Chapter 5.
하나에 빠지면
미친다!
좋은 건
끝까지 간다

야구
선수
**김
원중**

취미일 뿐이지만 그래도 더 잘하고 싶은 게임 LoL
그럼에도 내가 하고 싶은 대로 한다

아이디 하나에도 이런 애틋한 사연이 있을 정도로 김원중이 LoL에 대해 갖는 애정은 상당하다. 김원중은 다른 e스포츠 게임 종목은 잘 챙겨보지 않는데 LoL 선수들을 그래도 좀 눈여겨본다. 특히 게임에서 같은 포지션으로 플레이하는 선수들의 경기를 지켜보는 편이다. 김원중은 "내가 정글러이기 때문에 같은 정글러 선수들을 유심히 본다. 요즘에는 BNK 피어엑스의 랩터, 혹은 그리고 페이커와 같은 팀인 T1의 오너를 보곤 한다"라고 했다.

그 선수들을 유독 더 지켜보는 이유가 있다. LoL이 김원중에게는 취미이지만, 해당 선수들에게는 직업이다. 게임을 더 잘하는 방법을 찾고 있던 김원중에게 이들의 플레이를 지켜보는 것은 여러모로 도움이 된다. 가령 사회인 야구선수들이 프로야구를 보면서 더 나은 방법을 찾는 것과 비슷하다.

김원중은 "나는 게임이 취미로 하는 활동인데 그 선수들은 그것이 업이니 너무 잘 알고 있지 않나. 경기를 보면서 '이런 건 한번 배워보고 싶다'라고 생각해본 적 있다. 그 선수들의 플레이를 보면 나는 그렇게 해보려고 해도 잘 풀리지 않을 때가 많은데 어떻게 저렇게 할 수 있을까 대리만족처럼 희열감 같은 것을 느낄 때도 많다"라고 했다.

김원중이 게임에서 보유, 장착한 아이템까지 대중에게 알려질 때가 있다. 가끔 야구 커뮤니티에 김원중의 프로필을 캡처한 사진이 올라오면 "왜 이 아이템을 쓰는 것인가"에 대한 토론으로 이어지며 갑론을박이 오간다. 김원중의 답은 하나다. "내가 하고 싶으니까"다. 여기까지 책을 읽은 독자라면, 김원중의 이런 성격에 대해 충분히 파악되어 있을 것이라고 생각한다.

애석하게도 글을 쓴 기자는 LoL을 잘 모른다. 김원중은 LoL을 잘 모르는 기자를 위해 눈높이에 맞춰 설명을 해줬다. 그는 "손이 바쁘고 어려운 걸 좋아한다"라며 "게임을 시작하면 고를 수 있는 선택지가 200~300개 정도 된다. 그걸 하나하나 고르는 건데 나는 그 중에서도 제일 어려운 걸 선택하곤 한다. '하이 리스크, 하이 리턴'을 노리는 편이다. 기술이 많이 들어가야 하는 것들을 주로 하는 편인데, 내 레벨에서는 어려운 챔피언을 다룰 수 없다. 한 마디로, 초등학생이 프로야구를 뛰려고 하는 것과 비슷하다고 보면 된다"라고 말했다.

김원중의 비유대로라면 프로야구를 뛰려고 하는 초등학생에게 다른 유저들이 '왜 그렇게 하느냐'라고 묻고 궁금해하는 건 어쩌면 당연한 일이었다. 생각해보면 김원중은 LoL을 아예 처음 시작했을 때부터 가장 어려운 단계에 무작정 뛰어들긴 했다.

게임 강사 김원중의 눈높이 설명은 계속됐다. 그는 "가령 내 레벨에서는 공격 템을 올려야 하는데 방어 템을 장착하고 있을 때가 있다. 그래서 내가 어떤 아이템을 장착하고 있는지 본 사람들은 '왜 아무 상관 없는 걸 샀느냐'라고 물어볼 수도 있다"라고 설명했다.

이런 시도들은 말 그대로 게임이 취미이기에 할 수 있는 것이었다. 김원중은 "예를 들어서 프로야구 선수가 야구장에서 내가 하고 싶은 대로 마음대로 다 하면 안 되지 않나. 그런데 취미로 경기를 보러 온 사람들은 야구장에 와서 맥주도 마시고 치킨도 먹고 핸드폰도 하지 않나. 나도 그래서 컴퓨터 켜서 이것도 해보고 저것도 해보고 하는 거다"라고 해당 상황을 쉬운 비유로 잘 설명했다.

그의 말처럼 프로야구선수들은 시즌 중에는 함부로 자기 생각만으로 변화를 줄 수 없다. 투수들 같은 경우에도 새로 장착한 구종을 경기에서 냅다 던질 수는 없는 일이다. 팀의 승패가 달려 있기 때문이다. 하지만 게임 속에서는 얼마든지 새로운 시도가 가능하다.

그렇다고 마냥 해보고 싶은 것만 하는 게 아니다. 게임을 하는 데 있어서 어느 정도 실력이 필요하다. 김원중은 "실력을 증명할 수 있는 게 티어다. 근데 티어를 올리는 것이 나 혼자 잘한다고 되는 게 아니다. 팀을 이뤄서 다 잘해야 한다. 그런데 그게 또 랜덤으로 매칭이 되니까 그게 참 어렵다. 그럼에도 어려움 속에서 재미가 있으니 게임을 하는 것이다"라고 자신의 입장을 설명했다. 프로야구 역시 팀 스포츠인데, 게임에서도 개인 플레이 외에 다른 사람들과 호흡이 필요한 것이다.

영향 없고 타격 없지만
게임 메시지를 통한 욕설 사절합니다

아이디가 워낙 많이 알려져 있다 보니 게임 도중 말을 거는 유저들도 있다. 주로 응원의 메시지들이 많이 오는 편이다. 김원중에게 "이번주 파이팅"이라던가 그냥 "파이팅"이라는 채팅이 오곤 하고 가끔씩 김원중도 "네, 파이팅"이라며 답을 해줄 때도 있다.

그러나 마냥 좋은 내용의 채팅이 오는 것만은 아니다. 개인적인 쪽지로 욕을 하는 유저들도 있다. 가령 그날 경기 상황에 대해 짚으면서 "그때는 왜 그랬느냐" 등의 물음을 던지는 사람들도 있다. 세상에는 참 별의별 사람들이 많다. 해당 경기의 패배에 대한 책임을 묻겠다며 굳이 게임에 접속하여 선수에게 욕설 메시지를 보내는 것이다. 다행히 김원중은 그에 대해 크게 개의치 않는다. 그런 것에 신경을 썼으면 애초에 게임을 시작하지도 않았을 것이다.

김원중은 LoL만 해본 게 아니다. 다른 게임들도 한번씩 시도해보곤 했다. 프로야구선수들 사이에서도 게임에 대한 유행이 돌고 돈다. 김원중 세대 이전에는 '스타크래프트'가 유행했다. 지금은 코치로 선수들을 지도하고 있는 김주찬 KIA 코치는 현역 시절 프로야구선수 스타크래프트 대회에서 준우승을 차지하기도 했다.

LoL의 인기는 여전히 굳건했지만 '배틀오브그라운드'라는 다른 게임이 선수단 사이에서 빠르게 유행한 시절도 있었다. 김원중도 대세에 따라 게임을 해보기는 했다. 2022년에는 KBO와 한국프로야구선수협회, KRAFTON 등이 협업해 배틀그라운드 이벤트 경기가 열렸는데 김원중은 경기가 시작되자마자 추락사를 하기도 했다. 하지만 자신이 주력하는 게임이 아니었기에 그날의 결과에 대해서는 큰 타격이 없었다.

하지만 LoL은 다르다. LoL에 있어서는 자부심이 가득했다. 김원중은 "사람들이 생각하기에 '정말 못하네' 수준은 아니다. 그런데 대부분의 사람들이 겉으로만 보고 '도대체 왜 그 티어에 있느냐'고 물을 때가 있다"고 말했다. 같은 팀원들과 호흡을 잘 맞춰야 되는데 한번씩 팀원들이 따라주지 못할 때 자신의 플레이에 집중하지 못하고 이른바 '푸닥거리'를 하다 보니 티어가 좀처럼 오르지 않는다는 것이다. 김원중은 그런 상황에 대해서도 비유적으로 설명해줬다. "예를 들어서, 마운드에 올라가 있는데 팬들끼리 응원전을 한다. 내가 그 응원전에 신경이 쓰여 여기 휩쓸렸다가, 저기 휩쓸렸다가 하는 격"이라고 했다.

게임을 할 때는 기본적으로 '나는 당연히 잘 한다'라는 생각을 깔고 시작한다. 그는 "다른 사람들이 어떤 이야기를 하든 아무 신경을 안 쓴다. '내가 직접 증명하면 된다'라는 마인드로 항상 해왔다"라고 말했다. 자신의 게임 성향을 모르는 사람들이 프로필만 보고 하는 말이 대부분이기 때문에 전혀 신경 쓰지 않는다. 김원중은 "그런 평가도 이해한다. 그래도 그런 사람들이랑 붙으면 내가 이긴다"며 자신감을 드러냈다.

그렇다면 게임에서 질 때에는 기분이 어떨까? 화가 나기도 할까? 김원중은 "야구와 비교했을 때 LoL에서 지면 더 화가 난다"고 했다. 프로야구 경기는 많은 요소들이 승패를 좌우한다. 선수뿐만 아니라 감독 및 코칭스태프 모두 한 팀으로 싸우고, 이겨도 져도 팀으로서 결과를 받아

야구
선수
**김
원중**

Chapter 5.
하나에 빠지면
미친다!
좋은 건
끝까지 간다

들이는 것이다. 하지만 게임은 김원중이 원해서 하고 싶은 대로 하고 야구를 잊고자 하는 차원에서 플레이를 하는 경우가 많기 때문에 게임에서 졌을 때 왠지 더 화가 난다고 한다. 그만큼 몰입도가 높고 애정이 남다른 것이다.

소위 말하는 '현피(현실과 Player Kill의 줄임말. 게임을 하다가 트러블이 번져 실제로 만나서 싸우는 것을 뜻함)'를 할 뻔한 적도 있다. 당연히 진짜 싸울 것은 생각은 아니었고, 상대가 하도 욕설이 많이 해서 대면해볼 생각이었다. 하지만 항상 상대가 나오지 않았다. 전화를 했는데 상대가 받지 않거나, '어디서 보자'라고 했는데 나오지 않은 적도 있다. 물론 혈기왕성했던 어린 시절의 이야기다. 지금은 상대가 어떻게 나와도 그 정도로 반응하지 하지 않는다.

취미로 하는 게임인데 본업보다 더 화가 난다면 그건 또 그것대로 스트레스가 되지 않을까? 하지만 김원중은 "그래도 게임할 때는 아무 생각이 나지 않는다. 나는 스트레스를 받는다고 생각하지 않는다. 그냥 같은 팀원들이 왜 이렇게 못하는 건지 이해가 되지 않아 잠시 욱할 뿐이다."고 했다. 게임에서 져서 화가 나도 그냥 잠시 잠깐 그때뿐이다. 그게 바로 김원중의 성격이다.

왜 야구선수들은 유독 게임을 좋아할까?
승부욕, 경쟁심, 이기고자 하는 마음

김원중이 개인적으로 생각하는 LoL을 잘 하는 선수는 지금은 KT를 거쳐 LG로 이적한 김준태. 현재 롯데에 있는 선수들 중에서는 황성빈, 김강현 등의 선수들도 잘 한다고 한다. 야구계에서 LoL 대회가 열리면 어김없이 초정되는 선수 중 한 명이 김원중이다. 주로 롯데를 대표해서 나가는 역할을 맡곤 한다. FA 계약을 한 후 비시즌 동안에도 LoL

야구
선수
**김
원
중**

과 관련된 행사에 초청을 받은 일이 있다. 12월 부산에서 열린 BNK 피어엑스 팬 페스티벌 행사에 롯데를 대표해 참가하기도 했다.

김원중이 전도했던 선수도 있었다. 2019년 롯데의 외국인 타자로 뛰었던 카를로스 아수아헤였다. 아수아헤는 '포트나이트'라는 게임의 스트리머다. 자신의 채널을 만들어 게임 방송을 할 정도로 마니아였다. 당시 아수아헤가 롯데 유니폼을 입으면서 게임 방송 부업에 대한 관심도 높아지기도 했다. 국내에서는 포트나이트가 그렇게 대중적으로 큰 인기를 모은 게임은 아니었다. 하지만 종목을 떠나 게임을 즐겨 하는 사람들끼리는 통하는 게 있었는지 아수아헤 역시 김원중과 종종 LoL을 하는 모습이 포착되곤 했다.

프로야구 선수들이 유독 게임을 좋아하는 이유는 아마도 승부욕 때문이 아닐까 싶다. 프로야구선수라면 누구라도 이기고자 하는 마음이 강하다. 비단 야구뿐만이 아니라 스포츠 선수들은 기본적으로 갖고 있는 생각들이다. 그래서 승리하면 그 어느 때보다 기뻐하고, 패배했을 때에는 뜨거운 눈물을 쏟곤 한다. 김원중 역시 "승부욕 때문에 게임을 좋아하는 게 무조건 있다"라고 했다.

어떻게 보면 선수들의 단합력에도 도움이 된다고 할 수 있다. 김원중이 처음 LoL을 시작했던 시점으로 다시 돌아가보면, 그 역시 군대 동료들과 좋은 관계를 만들고 함께 시간을 보내기 위한 목적이 컸다.

김원중도 후배들을 불러서 다른 선수들과 게임을 하곤 한다. 선배가 후배들을 불러서 함께 PC방에 가는 건 전통 아닌 전통이었다. 이전에는 이대호, 전준우, 정훈 등 선배들과 함께 PC방에 가서 함께 게임을 했다. 선배들이 그랬던 것처럼 김원중도 후배들을 소집해 팀을 나눠서 대결을 한다. 그냥 하면 재미가 없으니 내기를 건다. "보통 저녁 내기, PC방 음식 내기 등을 한다"고 했다.

김원중은 게임이 세상에서 가장 건전한 취미라고 했다. 그는 "여성분

Chapter 5.
하나에 빠지면
미친다!
좋은 건
끝까지 간다

들이 남자친구가 만약 PC방에서 10시간 가까이 있거나 하면 아마 이해하지 못할 것 아닌가. 그런데 그게 세상에서 제일 건전한 취미라고 할 수 있다"라며 자신과 게임 동지들을 추켜세웠다.

간혹 프로야구선수들의 PC방 목격담이 올라오면 야구는 하지 않고 게임이나 하고 있느냐는 원색적인 비난이 올라올 때도 있다. 하지만 그들에게도 그라운드 밖에서 스트레스를 해소할 방법과 자유를 누릴 시간이 필요하다.

김원중은 주로 야구를 잊으려고 게임을 취미로 삼았지만, 그것 외에도 게임을 통해서 얻는 이점이 있다. 야구도 LoL처럼 전세계적으로 인기를 얻는 스포츠 종목이 됐으면 하는 바람도 생긴다.

김원중은 "LoL은 정말 전 세계 팬들이 좋아한다. 그런데 야구는 유럽을 비롯해 불모지인 곳들이 많다. 아무래도 갖춰야 할 것들이 많지 않나. 일부 지역에서만 폭발적인 인기가 있고, 나머지 지역에서는 많지 않다"라고 했다.

그러면서 "야구도 전 세계 팬들이 다같이 좋아할 수 있는 스포츠가 됐으면 좋겠다는 생각을 많이 해본다. WBC 등 전 세계 팀들이 참가할 수 있는 대회들이 조금 더 생겼으면 좋겠다는 생각을 많이 한다"고 했다. 야구를 잊고자 게임을 했지만, 결국은 다시 또 야구 생각으로 결론이 돌아갔다.

게임만큼이나 좋아하는 커피
혼자만의 힐링 타임, 한 잔의 여유

게임 외에도 김원중에게 중요한 취미가 하나 있다. 조금은 이색적이다. 평소 와일드한 김원중의 이미지를 생각해보면 의외의 취미라고 할 수 있는데, 바로 커피가 취미다. 커피는 한국인의 대표적인 기호 식품이다. 수많은 사람들이 하루 일과의 시작을 커피 한 잔과 함께 한다. 물가 상승에 대한 뉴스가 나올 때는 이제 스타벅스 아메리카노 가격이 기준이 되곤 한다.

야구장에서도 커피를 즐겨 마시는 선수들을 종종 볼 수 있다. 경기 전 야구장 내에 있는 카페에 가면 커피를 주문하기 위해 기다리고 있는 선수들을 종종 볼 수 있다. 커피를 아주 좋아해 '커피 감독'이라 불린 지도자도 있었다. 두산과 KT의 지휘봉을 잡았던 김진욱 감독은 '커피광'으로 유명했다. 캔 커피 '레쓰비'를 박스째 구비해 마신다는 소문이 있을 정도였다. 감독에게 주어지는 스트레스를 달달한 커피로 달랜 것이다. 이렇듯 야구인들과 커피의 거리는 멀지 않다.

김원중은 원래 커피를 자주 마시지는 않았다. 그냥 카페 가는 것을 좋아하는 정도였다. 본격적으로 좋아하기 시작한 건 2020년 마무리 투수로 보직을 바꾸면서부터다. 당시에 운명 같은 사람도 만났다. 지인 중에 카페 사장이 있었는데 그 시기에 부쩍 가까워졌다. 부산에서 커피숍을 운영하던 그 형의 덕을 많이 봤다. 그 형은 김원중에게 이렇게 선언했다. "1년 안에 커피를 좋아하게 해줄게."

처음에는 에스프레소부터 시작했다. 에스프레소 머신으로 조그마한 잔에 내려주는 걸 맛보라고 권유했다. 원두 커피를 거의 처음 접하는 사람들이 바로 마시기에는 좀 어려운 난이도였다. 김원중도 처음 마시자마자 "도대체 이걸 왜 먹느냐"라고 물어볼 정도였다. 그러면서 점점 맛있는 커피를 마시기 시작했다. 이후 김원중도 좋아하는 커피의 맛이 생겼다. 그 형이 말했던 것처럼 이제는 김원중도 커피 마니아가 됐다.

한번 좋아하면 파고드는 성격이 커피에도 적용됐다. 이후에는 원두를 직접 사고, 핸드드립까지 하기에 이르렀다. 커피를 마시는 것에 그치지 않고 직접 맛있는 커피를 만들기 시작한 것이다. 김원중은 "산미가 있는 커피를 좋아해서 원두가 좋은 곳을 찾기 시작했다"고 말했다.

핸드드립도 직접 배웠다. 곱게 갈린 원두를 여과지에 올리고 직접 뜨거운 물을 천천히 부으면서 커피가 추출되는 시간을 기다린다. 김원중은 "핸드드립을 직접 해보니 훨씬 더 디테일한 작업이더라. 물이 조금이라도 덜 들어가면 맛이 떨어지고 특별한 레시피도 있다"고 했다.

커피 마니아들이 다 그렇듯 김원중도 집에 홈카페를 차렸다. 원두를

가는 그라인더, 그리고 물을 내리는 주전자, 원두 무게를 재는 저울 등 있을 건 다 있다. 그리고 언제든지 아이스로 마시기 위해서 얼음도 잊지 않고 얼려두곤 한다.

마무리투수에게 블론 세이브는 떼려야 뗄 수 없는 뼈아픈 기록이다. 다른 보직에 있는 투수들은 다른 팀원들이 수습이라도 해줄 수 있지만 마무리투수가 블론을 하면 그날의 경기는 거의 그대로 끝이 나곤 한다. 그런 날이면 다른 사람의 위로가 귀에 잘 들어오지 않는다.

김원중은 핸드드립을 하면서 자신의 마음을 추스리는 방법을 찾았다. 뜨거운 물을 붓다 보면 그 공간이 커피 향으로 가득 차고 마음이 차분해진다. 커피가 우러날 때까지 한 곳에 집중하는 것도 집중력을 기르는 데 도움이 된다.

잠시 야구를 잊을 수 있게 해주는 커피
지금은 아니지만 먼 훗날 바리스타 될 수도

커피를 좋아하는 사람들은 미세한 미각을 가지고 있다. 어떤 원두는 이런 과일 맛이 나고, 첫맛과 끝맛이 바뀌어 가는 걸 느낀다. 김원중 역시 자신의 취향이 뚜렷해졌다. 좋아하는 원두는 보통 베리류의 향이 나는 경우가 많다. 가장 좋아하는 원두를 꼽아달라는 물음에는 "원두마다 달라서 뭐 하나 꼽기 힘들다"라고 했다. 각자의 매력이 있기 때문이다.

그러다 고가의 원두 이름을 꺼냈는데 커피를 즐겨 마시지 않는 사람이 들었을 때에도 바로 알아들을 수 있는 원두였다. 바로 게이샤 원두였다. 게이샤 원두는 스페셜티 커피 중에서도 최고의 인기를 자랑한다. 독특한 풍미 때문에 커피 마니아들이 즐겨 찾는 원두다.

안성재 셰프의 유튜브 채널에 가수 이효리의 남편인 뮤지션 이상순이 요리에 보답하고 싶다며 커피를 대접하는데, 이때 꺼낸 원두도 역시 게이샤다. 김원중도 "게이샤는 한 잔에 2만원씩 하는 고가의 원두"라고 했다. 좋아하는 취미인만큼 지갑을 여는 데 주저하지 않는다.

이렇게 커피에 취미를 가지다 보니 더 맛있는 맛을 찾게 되었다. 김원중은 "처음에는 커피를 내리는 스킬이 좋지 않으니까 연습도 많이 했다. 또 제대로 파고들다 보니까 그렇게 됐다"고 말했다.

항상 승부의 세계에서 치열하게 대결하는 김원중이 커피라니, 의외의 모습이다. 승부사로 마운드에서 싸우던 김원중이 경기를 마치고 나면 조용하게 하루를 정리해보는 시간이다.

김원중이 커피를 내리는 건 게임을 하는 이유와 일맥상통했다. 커피를 내리는 그 순간만큼은 커피에만 집중해야 한다. 커피에 집중을 하고 머릿속에서 다른 생각들을 없애야 한다. 그러다보면 야구 생각이 나지 않는다. 김원중은 "애초에 내가 취미 시간을 가질 때에는 최대한 야구 생각을 안 하려고 하는 것이다. 야구장 밖에 나가면 야구 생각 하지 않는다"고 했다.

김원중은 평소 생활에서 오른손을 잘 쓰지 않는다. 우완 투수이기 때문에 최대한 오른손의 사용을 줄이려고 애쓴다. 손을 써야 될 때는 왼손부터 내밀곤 한다. 그렇게 습관을 들인지 꽤 됐다. 그런데 커피를 내릴 때만은 오른손을 쓴다. 오른손의 감각이 워낙 예민하다 보니 커피를 내릴 때에는 안성맞춤이다. 원두에 물을 부을 때 섬세한 감각을 손은 그대로 느끼게 된다. 미묘한 차이를 오른손은 알아차리기 때문에 커피를 더 잘 즐기기에는 감각이 예민한 게 큰 도움이 된다.

게다가 김원중은 카페인에 취약한 체질도 아니다. 늦은 시간에 커피를 마시면 가슴이 뛰고, 밤잠을 설치는 사람들이 많다. 카페인 때문에 커피를 마시고 싶어도 마시지 못하는 사람들도 적지 않다. 하지만 김원중은 "상관없다. 자기 직전에 마시는 것만 아니면 내가 잠자리에 드는 평균적인 시간에는 언제든 편히 잠들 수 있다"고 했다. 이 정도면 커피

와도 운명이다.

커피에 빠져드는 사람들은 보통 취미에 머물려고 하지는 않는다. 그 이상의 전문가적인 공인된 자격을 얻으려고 한다. 바리스타 자격증은 한국 사람들이 가장 많이 획득하려고 하는 인기 자격증이다. 김원중도 역시 바리스타 자격증을 따볼까 하는 생각까지 갔다. 그만큼 커피에 푹 빠진 것이다.

그러다가 이런 생각 때문에 자격증을 따려는 의지가 사라졌다. 김원중은 "내가 좋아서 하는거고 그냥 취미로 즐길 건데, 그 정도까지 필요하겠나 하는 생각이 들더라"고 했다. 그래도 충분히 전문적인 기술을 가지고 있는 이상 지금이라도 도전하면 충분히 할 수 있을 것이라는 자신감이 있다. 하지만 지금은 자격증을 딸 때가 아니라는 생각이다.

게임, 커피, 독서, 맛집 탐방, 드라이브... 그냥 소소하고 건전한 취미가 좋다

이밖에 김원중은 책을 읽는 것도 좋아한다. 2025시즌 6월 초에 만나 요즘 어떤 책을 읽고 있는지 물었을 때는 "『역행자』라는 책을 보고 있다"라고 답했다. 예전에는 판타지, 그리고 추리 소설을 즐겨봤다고 한다. 특히 추리 소설을 읽을 때에는 범인을 찾는 그 과정에 몰두하는 걸 좋아했다.

게임, 커피, 독서 이런 취미들이 있었기 때문에 야구장에서 받게 되는 스트레스를 적절히 잘 제어하고 김원중이 계속 자신의 페이스를 이어갈 수 있지 않을까 싶다. 김원중이 커피에 진심인 것처럼 의외로 이색적인 취미를 가진 야구선수들이 있다.

삼성 좌완 투수 백정현은 사진 찍기가 취미다. 마운드 위에서든, 야구장 안팎에서 포커 페이스를 유지하고 있는 그의 모습과는 달리 감성

야구
선수
**김
원중**

176

적인 취미를 가지고 있다. 여행을 좋아해 시즌을 마치고 나면 훌쩍 떠나곤 했던 백정현은 선수들 사이에서는 '백작가'로 불렸다. 2019년에는 구단에서 백정현의 개인 사진전을 열어주기도 했다.

백정현은 2021시즌을 마치고 자유계약선수(FA) 자격을 얻었고 4년 총액 38억원에 계약하며 삼성에 남았다. FA 계약 후에는 야구에만 전념하기 위해 취미를 잠시 내려놓았고 더 이상의 사진전이 이어지지는 않았다. 그럼에도 야구와 완전히 다른 취미를 가지고 있다는 점이 많은 이목을 끌었던 선수였다.

KT 황재균은 피규어를 수집하는 취미를 가지고 있다. 프라모델을 조립하는 걸 취미로 가지고 있는데 이런 피규어들을 수집하는 것 자체를 즐기는 편이다. 2024시즌을 마치고 예능프로그램 <나 혼자 산다>에 출연한 KIA 곽도규도 의외의 취미를 선보였다. 바로 '필사'였는데, 방송에서 직접 필사를 하는 모습을 보여주기도 했다. 좌완 투수인 곽도규는 필사를 할 때에는 오른손을 썼는데 "돈 버는 손으로는 취미를 하면 안 될 것 같아서"라고 자신만의 이유를 밝히기도 했다.

김원중처럼 독서를 취미로 하는 프로야구 선수들은 더러 있는 편이다. 마음을 차분하게 하기 위해서 주변에 추천을 받는 경우도 많다. 2025시즌 자신의 역량을 드러낸 한화 문현빈은 SNS를 폐쇄하고 책을 읽기로 했다. 미국프로야구 메이저리그 최고의 스타인 LA 다저스의 오타니 쇼헤이도 인성과 교양을 갖추기 위해서 계획표에 독서를 집어넣어 두었다.

김원중이 건전한 취미만 하는 이유가 있다. 그는 술과 담배, 모두 하지 않는다. 심지어 탄산음료도 안 마신다. 술은 처음부터 안 마셨던 건 아니다. 성인이 되고 혈기 왕성할 때에는 밤을 새서 마신 적도 있었다고 했다. 체력도 됐고, 그만큼 많이 먹을 수 있었기도 했다. 김원중의 표현으로는 '빠꾸'가 없던 시절이었다.

Chapter 5.
하나에 빠지면
미친다!
좋은 건
끝까지 간다

야구
선수
**김
원중**

상근예비역으로 군입대를 한 뒤 첫해에는 술을 많이 마셨다. 김원중이 군생활을 시작한 2013년은 갓 21살이 된 나이였다. 얼마나 피 끓는 청춘인가? 프로야구 선수로서의 삶을 살게 된 이상 이제 다시 이런 자유로운 시기가 없을 것이라는 생각 때문이었다.

그런데 어느 날, 몸이 뜻대로 움직이지 않았다. 김원중은 속으로 생각했다. '선배들이 말한 그 시기가 왔구나' 선배들은 군대로 향하는 김원중에게 "그때가 아니면 못 논다"라고 말하면서도 어느 순간 그만 놀게 되는 그런 시기가 찾아온다고도 말했다.

김원중은 "네가 운동을 하기 싫어도 하라고 하는 몸 상태가 알아서 온다는 말을 들었다"라고 했다. 마치 하늘에서 무슨 계시라도 내려오는 것처럼 김원중의 머릿속에는 "이제 이런 생활은 안 한다"라고 불현듯 떠올랐다.

김원중은 "22살이었다. 아마 그 생각이 난 게 8월 15일 광복절일 것이다"라고 말하며 정확한 날짜도 기억했다. 우리 선조들이 광복을 외쳤던 그때를 기념하는 날 김원중은 자신의 야구 인생을 위해서는 이제 제대로 마음먹고 확실히 관리를 해야 한다는 사실을 깨달았다.

그리고 김원중은 친구들에게 선언했다. "나 이제 술 안 마신다. 그렇지만 함께 하는 술자리는 되도록 가겠다"라고 대대적인 결심을 밝혔다. 진지하게 얘기했지만 여느 친구들이 그렇듯 김원중의 선언을 믿는 이들이 처음엔 거의 없었다. 술자리를 가게 되면 소위 '갈굼'이 시작됐다. 김원중의 친구들은 "너 어차피 내일부터 마실 거잖아"라며 소주잔을 입에 갖다 대기도 했다. 어떤 친구는 "네가 안 먹으면 나도 안 먹는다"라고 하기도 했다. 친구들의 방해 공작에도 김원중은 술을 입에 대지 않았다.

하루는 광주 친구 중 한 명인 장진혁(KT)이 고향에 와서 친구들과 만나 얘기를 나누다가 '김원중이 술을 먹지 않는다'라는 소문을 접했다.

Chapter 5.
하나에 빠지면
미친다!
좋은 건
끝까지 간다

김원중의 표현에 따르면 장진혁이 바라본 김원중은 '광주의 보안관'이었다. 친구들과 만나려고 연락을 하면 어디든 김원중이 있었고, 술자리를 함께 할 때도 많았다.

그러던 김원중이 갑자기 '절주'를 선언한 것이다. 장진혁 역시 김원중의 결심을 믿을 수가 없었고 여러 차례 술을 권했다. 김원중은 "계속 권하는데 한두 번은 내가 참았다. 그러다 세 번째 권유했을 때에는 '안 먹는다'고 하고 소주잔을 던지고 집에 갔다"고 했다.

집으로 향하는 김원중을 보고 친구들은 그제서야 인정을 했다. 이후부터는 술자리에서 김원중은 '술을 안 먹는 애'로 분류됐다. 그리고 그의 금주는 아직까지 계속되고 있다. 김원중은 "그때 딱히 특별한 이유 같은 건 없었다. 그냥 '나 안 먹는다' 한 마디면 된다. 이제 술은 더 이상 안 마시고 야구와 몸 관리에 집중해야겠다는 마음이 들어서 그때 안 먹는다고 한 게 지금까지 하고 있다"고 했다.

프로야구 선수들은 물론 유명인들에게서 안 좋은 소식을 접할 때에는 주로 술에서 비롯된 문제가 많다. 음주운전은 이제 사회적으로 심각한 범죄로 분류된다. 클린 베이스볼을 추구하는 KBO도 음주운전에 대해서는 엄격한 기준을 둔다. 적어도 김원중에게는 음주로 인한 문제에 대해 걱정할 필요는 없을 것 같다. 김원중은 그저 잠시 야구를 잊을 수 있는 몰입 가능한 취미, 그리고 남들 눈에 크게 띄지 않는 소소한 취미만 즐기기 때문이다. 게임, 커피, 독서 외에 즐기는 일도 맛집 찾아다니기, 드라이브 등 지극히 소박한 것들이다.

무엇보다 김원중이 한결같이 빠져있는 취미는 친구들과 만나서 수다를 떠는 시간이다. 고향 광주에서 어릴 적부터 우정을 쌓아온 친구들이나, 부산에서 만나 인연을 맺은 친구들과의 시간이 모두 김원중에게는 새로운 에너지가 되기 때문이다. 각자의 길에서 삶을 살아가는 친구들과의 교류는 야구장에서 대부분의 시간을 보내는 김원중의 삶을 다

야구
선수
**김
원중**

채롭고 풍성하게 만든다.

　그 중에서 이우중이라는 친구는 중학교 때 수술 후 재활을 하던 힘겨웠던 시간의 기억을 공유하는 절친이다. 김원중은 "중학교 당시 그 친구는 손목을 다쳐서 재활하고 있었다. 경기를 뛰지 못하고 훈련 후에 공을 모아 옮긴다거나 가벼운 운동만 함께 하면서 시련의 시간을 같이 보냈다"라고 떠올렸다. 이우중은 프로야구 선수가 되지 못했지만 일본어를 잘해서 재능을 살려 관련 전공으로 대학교에도 진학했고, 일본어 통역으로 KIA 타이거즈 구단과 인연을 맺었다.

　함께 자주 만나는 신현호라는 친구는 김원중에게 '비타민' 같은 존재다. 초등학교, 중학교, 고등학교를 함께 다녔고 김원중이 상근예비역을 마치고 퇴소식을 하는 날도 함께 자리해준 친구이기도 하다. 자주 광주 집을 찾아가지 못하는 자신을 대신해 아들보다 더 살갑게 김원중의 부모님에게 안부 인사를 드리는 친구다. 김원중은 "스무살 때 그 친구 아버님이 돌아가셨는데, 너무 어린 마음에 장례식도 제대로 찾아가지 못했다. 그런데도 우리 부모님에게 잘 하는 걸 보면서 많이 배우곤 한다"라고 전했다.

　부산에서 종종 함께하는 친구들도 있다. 항상 붙어다니는 구승민의 지인인 이민혁, 그리고 김원중의 광주 친구인 김도경이 둘의 '겹지인'이 되어서 서로 가까워진 무리가 되었다. 김원중은 "민혁이 형은 부산시청 유도 선수였다. 승민이 형과 드라이브를 할 때 항상 같이 있었던 형"이라고 설명했다. 광주 친구 김도경은 2018년 잠시 부산에서 '1년 살이'를 하면서 구승민과 가까워져 친해지게 됐다. 김원중은 "승민이 형 못지 않게 조언을 많이 해준다. 3자의 객관적인 입장에서 상황을 바라봐주고 좋은 얘기들을 해줘서 고마운 친구"라고 말했다. 이렇듯 소중한 친구들과 함께하는 소소한 시간들 역시 김원중이 절대로 놓고 싶지 않은 취미다.

● REC

Chapter 6.
롯데 그리고 부산, 스무 살에서 지금까지

RAW

부산이라는 도시
롯데 자이언츠라는 팀

　프로야구 롯데는 KBO 리그에서 가장 뜨거운 인기를 자랑하는 팀이다. 삼성과 함께 1982년 한국프로야구가 출범하던 날 구단의 역사가 시작된 원년 창단 팀 중 하나이기도 하다. 한국시리즈 우승 횟수는 많지 않다. 40년 넘는 역사 속에서 단 두 차례, 1984년과 1992년밖에 없다. 21세기 들어서는 우승 횟수를 추가하지 못했고, 마지막 우승 기록은 30년이 넘었다.

　그러나 롯데를 설명하는 데 있어서 성적은 무의미하다. 롯데의 홈구장인 부산 사직구장은 '지상 최대의 노래방'이라고 불린다. 연고지 부산은 야구 도시, '구도'라고 불린다. 롯데는 KBO 리그의 흥행을 이끄는 팀 중 하나이며, 도시 자체가 야구의 도시라는 정체성을 띄는 곳은 엄밀히 볼 때 부산 외에 특별히 떠오르는 곳이 없을 정도다.

　팬들의 야구를 향한 애정과 열정이 너무나 커서 선수들이나 지도자들이 한 번쯤 몸담고 싶어하는 팀으로 손꼽는다. 김원중에게도 롯데는 그랬다. 김원중이 프로 데뷔를 앞두고 있던 2010년대에는 롯데의 부흥기였다. 2008시즌부터 제리 로이스터 감독이 부임하면서 선수들에게 '노 피어(No fear)' 두려움 없는 야구를 강조했고 새로운 팀 컬러를 만들었다. 화끈한 타선은 팬들의 환호성을 더 자아냈다. 가을야구에 연이어 진출하며 강팀 반열에 들었다.

　로이스터 감독은 2010시즌까지 팀을 맡았고 다음 시즌부터 지휘봉을 잡은 양승호 감독도 '양떼 야구'를 선보이며 팬들의 환호성을 불러일으켰다. 김원중이 롯데를 보면서 특유의 매력에 사로잡힌 것도 이 시기다. 비록 2010년대 중후반부터는 포스트시즌에 초대받지 못한 팀이 됐지만 롯데가 인기팀이라는 사실은 변함이 없다.

Chapter 6.
롯데 그리고 부산,
스무 살에서
지금까지

롯데 선수들은 부산에서 웬만한 배우나 가수보다 더 인기가 많다. 쉽게 말해 자신의 돈으로 밥을 사 먹을 일이 없을 정도다. 과거 롯데에서 뛰었던 홍성흔은 한 유명 연예인과 함께 있었는데도 팬이 자신에게만 사인을 요청하더라는 일화를 전한 적도 있었다.

그런 인기팀에 김원중도 새로운 일원이 된 것이다. 2012년 신인 드래프트에서 롯데의 지명을 받은 그는 부산으로 향했다. 그전까지 김원중이 부산에 가는 일은 손에 꼽혔다. 아마추어 시절 부산에서 대회가 있으면 한두 번 짧게 방문했고 전지 훈련을 부산 경성대에서 소화한 적도 있었지만, 장기간 부산에 머무를 일이 없었다. 롯데라는 팀을 좋아하긴 했지만 롯데에서 뛸 거라는 상상을 구체적으로 해보지는 못했다.

그랬던 10대 소년이 20대를 맞이하면서 자신의 터전을 부산으로 옮기게 됐다. 한 평생 광주에서만 살아왔기에 어린 나이에 타지에서의 삶에 대한 두려움도 있지 않았을까? 하지만 김원중은 오히려 '설렘'이 더 컸다고 했다. 당시를 떠올린 김원중은 "프로가 되어 롯데라는 팀에 입단을 했다는 사실 자체에 기대감이 훨씬 더 컸다"라고 했다. 그만큼 롯데는 김원중이 뛰고 싶은 팀이었다.

김원중에게는 지금까지 살고 있던 곳을 떠난다는 개념보다는 초등학교-중학교-고등학교까지 이어졌던 야구 인생이 이제 본격적으로 프로 무대에서, 그것도 롯데라는 팀에서 계속된다는 기대감이 더 컸다. "나는 지금부터 부산에서 산다"라는 생각보다는 "나는 지금부터 롯데라는 팀에서 야구를 하러 부산에 간다"라는 생각이 더 컸던 것이다.

시구자로 사직 마운드 처음 오른 김원중
프로야구와 롯데의 레벨을 피부로 느끼다

김원중이 롯데 팬들에게 가장 먼저 처음으로 선을 보인 날은 2011

야구
선수
**김
원중**

년 10월 23일이었다. 이날은 롯데와 SK의 플레이오프 5차전이었다. 그해 8월 말 열린 신인 드래프트에서 1라운드 5순위로 롯데 유니폼을 입은 김원중은 영광스럽고도 중요한 순간에 시구를 맡게 됐다. 당시 롯데는 SK와 2승씩을 나눠 가진 상태였다. 한국시리즈 진출 여부를 두고 열리는 경기에서 김원중이 마운드에 서게 된 것이다. 가장 중요한 경기의 시작을 김원중이 맡았다. 현재와 미래에 대한 기대감을 키우겠다는 롯데의 의지가 돋보였다.

롯데는 매년 전통적으로 1차 지명을 받은 선수들이 시구자로 마운드에 오르곤 한다. 롯데 유니폼을 입게 된 신인 선수는 이날을 통해 팬들에게 가장 먼저 선을 보이고 첫 인사를 드리는 것이다. 사실 이날 경기가 열렸어야 하는 날은 하루 전인 22일이었다. 그런데 비가 오면서 우천으로 경기가 순연되었고 김원중의 시구도 다음 날로 바뀌었다.

고등학생이었던 김원중에게는 모든 것이 다 신기했다. 김원중이 처음으로 "프로 선수가 되면 이런 대우를 받는구나"라는 생각을 받게 되었던 계기였다. 자신이 이제 프로 선수가 됐다는 사실을 피부로 실감하게 된 날이었다.

경기가 하루 미뤄지면서 구단 측에서 김원중이 잘 곳을 마련해줬다. 이제 롯데 소속으로 뛸 선수를 아무 곳에나 자게 할 순 없었다. 구단에서 정해준 숙소는 바로 부산 동래구에 소재한 농심 호텔이라는 5성급 호텔이었다. 정규시즌 동안에도 부산으로 경기를 하러 오는 원정팀들이 거의 대부분 이곳을 숙소로 쓴다. '허심탕'이라는 사우나가 좋기로도 유명하다.

프로야구 선수들에게 원정 숙소는 그냥 잠자는 곳이 아니다. 생각 이상으로 중요하다. 각 구단은 원정 경기에서도 선수들의 컨디션을 잘 유지 관리하기 위해 최대한 좋은 호텔을 선정하곤 한다. 원정팀들이 부산 원정 숙소로 쓰는 곳을 그때 아직 고등학생 신분이었던 김원중에게 내

Chapter 6.
롯데 그리고 부산,
스무 살에서
지금까지

준 것이다.

당시 김원중은 호텔이라는 숙소 자체를 아예 처음 가봤다고 했다. 아마추어 시절에는 '숙소'라고 하면 보통 해당 지방의 모텔이었다. 전지훈련을 가게 되면 해당 지역 모텔의 한 동을 빌려서 단체로 숙박을 했다. 단순히 잠을 자는 곳이라는 개념에 불과했다.

그랬던 학생이 태어나서 처음으로 호텔에서 자게 되었으니 얼마나 새로웠겠는가. 그때 프로 선수는 이런 대우를 받는다는 것을 다시 한번 실감했다. 그렇다. 김원중은 이제 아마추어가 아닌 '프로 선수'가 된 것이다.

이런 문화적인 충격에서 벗어나기도 전에 하룻밤이 지났고 시구하는 순간이 다가왔다. 이번에 김원중은 또 다른 사실을 실감했다. '내가 이제 진짜로 롯데 선수가 되는구나'라는 생각이 들었다. 앞으로 수도 없이 던질, 사직구장 마운드에 처음 오르게 된 것이다.

이날 롯데 선발투수는 송승준이었다. 그리고 SK의 1번 타자는 정근우였다. 공을 받는 포수는 강민호였다. 롯데 마스코트 누리와 함께 마운드로 걸어 올라온 김원중은 광주 동성고 유니폼을 입고 팬들에게 처음으로 선을 보였다. 등번호는 1번이었다.

모자를 벗고 야구장 이곳 저곳을 향해 인사하며 홈팬들은 물론 원정 팬들에게도 자신의 얼굴을 알렸다. 그리고 김원중은 주저함 없이 바로 빠르게 공을 던졌다. 시구한 공이 조금 높이 뜨면서 포수 강민호가 일어서서 받았다. 그리고 공 하나로 김원중의 시구가 끝났다.

그런데 끝날 때까지 끝난 게 아니었다. 시구를 마치고 마운드에서 내려와 이동하는데 당시 롯데 선수였던 홍성흔이 다짜고짜 화를 냈다. "너 맞히라는 사인 못 들었어?"라는 물음이 김원중에게 향했다. 영문을 몰랐던 김원중은 속으로는 '이게 뭔가' 싶었지만 일단 "네, 못 들었습니다"라고 답했다. 홍성흔은 "이 자식, 이거 안 되겠네"라며 호탕하게 웃었다.

　김원중은 그제야 이게 선배들이 의례적으로 하는 장난이라는 것을 깨달았다. 예를 들면 군대에서 신고식을 하는 것처럼 홍성흔이 이제 팀의 일원으로 함께 하게 될 후배에게 친근감 있게 다가가려고 경직된 분위기를 풀어주려고 농담 삼아 말을 건넨 것이었다. 그리고 그런 분위기가 바로 롯데를 상징하는 것이기도 했다.

　다른 정규시즌 경기도 아니고, 플레이오프 5차전을 앞두고 신인 선수에게 장난을 치는 고참 선수가 있다는 것은 그만큼 롯데가 자신감 넘치고 선후배 관계가 좋은 팀이라는 것과도 같았다. 김원중도 그때 '이런 분위기 속에서 야구를 하면 정말 좋겠다'라고 생각했다. 자신이 롯데에 선택되어서 정말 다행이라고 다시 한 번 생각하게 된 계기였다.

처음 만난 롯데의 레전드 선배들 그리고 부산에서의 문화 충격

　롯데에 입단하고 보니 쟁쟁한 선배들이 많았다. 시구할 때 본 선배들 외에도 TV로만 보던 이대호, 전준우, 손아섭 등 말 그대로 '기라성' 같은 선배들이 있었다. 첫 캠프에서 바라본 선배들의 모습은 사람이 아닌 '기계'였다. 기계처럼 피칭하고, 타격하는 선배들을 보고 적지 않게 충격을 받았다. 김원중도 의욕을 끌어올리는 계기가 됐다.

　그 순간의 기억들은 사소한 것 하나까지 모두 머릿속에 남겨져 있다. 시구 날 이후 프로에 들어가서 가장 먼저 말을 걸어준 선배도 기억이 난다. 바로 은퇴 후 2025시즌부터 부산 지역방송 KNN에서 롯데 편파 중계방송을 하고 있는 신본기 해설위원이다.

　사실 신본기도 김원중과 같은 해에 롯데에 입단했다. 김원중은 고졸 신인이었고 신본기는 대졸이어서 형이고 야구인으로서 선배지만 엄밀

Chapter 6.
롯데 그리고 부산,
스무 살에서
지금까지

히 따지면 팀의 입단 동기다. 당시 신인 드래프트에서 김원중의 이름이 가장 먼저 불렸고 그 다음으로 신본기가 지명이 됐다. 입단 동기이지만 형이었던 신본기는 김원중에게 먼저 말을 걸어 자칫 어려울 수도 있었던 분위기를 풀어줬다.

김원중과 관련된 '밈' 중에는 신본기와 연관된 것도 있다. 김원중이 2012년 7월 페이스북에 김해 상동구장에서 먹은 팥빙수 사진을 올렸는데 신본기가 댓글로 "원중아, 형은? ㅎ"이라고 물었다. 여기에 김원중이 "ㅋ 식당으로 오시지 그랬어요. 철수해 브럿는디 ㅜㅜ 담에 만들어드릴께요 ㅋㅋㅋ"라고 답했는데 김원중의 구수한 광주 사투리가 댓글로 전해져 팬들의 눈길을 끌기도 했다.

이렇게 선배들을 잘 따르면서 본격적으로 프로야구에 적응해갔다. 앞에서 나온 이야기에서처럼 데뷔 초반은 빛을 볼 수 있는 기회가 많지 않았지만 김원중의 마음 속에는 항상 꿈이 있었다. 무엇보다 '롯데를 대표하는 선수'가 되고 싶다는 것이 그의 가장 큰 꿈이었다. 김원중은 "구단의 이름에 내가 들어가고, 그 이름이 함께 들어갔을 때 부끄럽지 않은 선수가 되자 하는 그런 마음이 컸다"고 했다. 그렇게 김원중은 롯데, 그리고 부산에 녹아들기 시작했다.

나라마다 도시마다 다른 문화가 있듯이 대한민국 안에서도 지역마다 조금씩 문화 차이가 있다. 광주는 전라도, 부산은 경상도로 다른 부분들이 생각 이상으로 많다. 김원중도 부산에서 생활해보니 광주와 다른 점이 참 많았다.

처음에 가장 놀랐던 점은 식당에서 나오는 반찬 개수였다. 광주에서는 보통 어느 식당을 가든 기본적으로 나오는 반찬의 개수가 많다. 그런데 부산에서 밥을 먹으러 음식점을 갔는데 광주에서처럼 반찬이 나오지 않았다. 기본적으로 국과 함께 한정식처럼 다양한 반찬들이 나올 것으로 생각했는데, 고기를 시켰음에도 국이 따로 나오지 않아서 꽤나

야구
선수
**김
원중**

192

Chapter 6.
롯데 그리고 부산,
스무 살에서
지금까지

놀랐다.

처음에는 부산 식당의 그런 모습들을 보고 약간 충격을 받았을 정도로 놀랐다. 김원중은 "당시에는 다른 곳들도 당연히 원래 그렇게 나오는 줄 알았다"고 했다. 이제는 광주에서와 부산에서의 차이를 잘 안다. 이 정도는 바로 적응할 수 있는 부분이었다.

하지만 가장 적응 시간이 필요한 부분은 사투리였다. 타 지역에서 롯데로 온 선수들은 보통 사투리를 잘 알아듣지 못해 생긴 해프닝을 이야기하곤 한다. 다행히 김원중은 어머니가 경상도 출신이라서 어릴 적부터 경상도 사투리가 익숙한 편이었다. 김원중의 어머니는 경상북도 봉화 출신이다. 이모를 비롯한 외가 친척들은 아직도 그곳에 살고 있다.

타 지역 사람들은 파악하기 어렵지만, 경북과 경남도 사투리의 차이가 꽤 있다. 부산 사투리도 약간의 차이는 있지만 기본적인 골자는 비슷하다. 그래서 김원중도 웬만한 부산말을 다 알아들었다. 심지어 부산에서 나고 자란 사람들도 잘 모르는 정말 본토 찐 사투리도 몇 개 알고 있었다.

그런데도 초반에는 부산 말투 때문에 오해를 한 적이 있었다. 단어가 아닌 억양 때문이다. 입단 동기 중에 부산 출신인 투수 박휘성이 있었다. 또 다른 동기인 포수 김준태와 이야기를 하고 있는데, 친구 박휘성이 자꾸 김원중에게 명령을 하는 것이다. 가령 "야, 뭐 좀 해라"라든가 "가서 밥 먹어라" 등의 말을 했다. 김원중의 귀에는 그런 얘기들이 '명령조'로 들렸다.

계속 듣고 있던 김원중이 하루는 참지 못하고 "네가 뭔데 나한테 명령을 하느냐"라고 따져 물었다. 그랬더니 박휘성은 "그게 아니다. 나는 그런 적 없다"라고 했고, 김원중은 "나는 그렇게 들렸다"고 했다.

실제로 그랬다. 박휘성은 그런 의도가 없는 말을 했을 뿐이고, 김원중은 정말로 기분 나쁘게 들을 수 있는 상황이었다. 그런데 계속 대화를 하고 함께 하는 시간이 늘어나다 보니 단순히 말투가 그랬던 것이라는 사실을 알았다. 머지않아 오해는 풀렸고 김원중도 부산 사람들의 말투가 원래 그런 것이라는 것을 이해를 하게 됐다.

실제로 타 지역 사람들이 부산 사람들이 대화하는 걸 듣다 보면 '싸우는 것이 아닌가'라고 오해를 하는 경우가 있다. 하지만 정작 부산 사람들은 전혀 싸우는 것이 아니라고 일상적인 평범한 대화라고 말하곤 한다. 말투나 억양이 조금 세다 보니 처음 듣는 사람들이 듣고 충분히 오해할 수 있는 부분이다.

과거 사투리로 인한 에피소드, 해프닝 이제는 부산 사투리 아무 문제 없다

사투리에 관련된 또 다른 에피소드도 있다. 김원중이 사이판에서 열린 전지훈련에서 선글라스를 타고 구단 버스를 탔다. 새로 장만한 선글라스였다. 그런데 선글라스를 쓰고 버스를 탄 김원중을 본 선배 이명우가 "원중아, 선글라스 하나 내놨나?"라고 했다. 김원중은 "내놨나?"라는 말의 뜻을 다르게 받아들였다.

"내려 놓았나?" 즉 내려 달라는 부탁인 줄 알고 버스 선반 위에 있는 짐에 선배의 선글라스가 있다고 생각해 그걸 내려주려고 한참 찾고 있었다. 선반을 뒤적거리는 김원중을 본 이명우가 "뭐 하느냐"고 물어봤다. 김원중은 "선글라스 내려 달라고 하셔서 찾고 있는데, 선글라스가 없습니다"라고 답했다. 이명우는 "아니, 니가 선글라스 샀냐고. 인마"라며 웃었다.

이명우는 부산 사람들도 가끔 말을 못 알아들을 정도로 사투리가 센 선수 중 한 명이다. 그런데 하필이면 김원중은 데뷔할 때부터 이명우와 룸메이트를 했다. 이명우는 1982년생으로 1993년생인 김원중과 10년 이상 나이 차이가 난다. 사투리는 이해하기 어려웠지만 선배 이명우에 대해서는 따뜻한 기억이 있다.

김원중은 "19살짜리가 뭘 알겠는가. 내가 잘 몰라서 사고를 치거나, 실수를 하면 '야 그건 그게 아니고'라고 말하면서 좋게 알려주셨다. 항상 웃으면서 알려주셨다. 다른 선배들에게는 혼났던 기억이 좀 있는데 이명우 선배님은 항상 웃는 얼굴로 다니셨다. 내가 뭘 잘못했을 때에는 '그럴 수도 있지 뭐'라고 했고 잘했을 때에는 '잘하고 있다'라고 칭찬해주셨다"고 떠올렸다. 인간적인 부분뿐만 아니라 훈련에서 보여주는 모습도 대단했다. 당시 김사율, 송승준, 이용훈 선배들처럼 이명우 선배도 기계처럼 피칭을 하는 모습을 보고 감탄하곤 했다.

'조선의 4번타자' 이대호도 부산 사투리가 굉장히 심한 선수다. 할머니 품에서 자란 이대호는 심지어 말의 속도까지 빠르다. 이렇다 보니 부산 사람이 아니면 그의 말을 못 알아들을 때가 많다. 김원중은 "이대호 선배님은 진짜 억양이 심하시다. 아예 무슨 말인지 못 알아들을 때도 있었다"고 했다.

가끔 비시즌 동안 광주에 오래 있다가 다시 부산으로 돌아오는 날이면 며칠 동안은 언어 모드 전환에 대한 적응기가 필요할 때가 있다. 부산 사람 중에서도 말이 빠른 사람을 만나게 되면 여전히 알아듣기 힘들 때가 있다. 그래도 이제는 부산에서 보낸 시간들이 10년을 훌쩍 넘어서 경험치가 많아져 생활에 어려움이 없다. 사투리로 인한 오해가 생길 일은 없다.

이렇게 부산에 몸 담고 있음에도 김원중 스스로는 계속 광주 사투리를 쓰고 있다. 경기 후 중계 방송사에서 수훈 선수 인터뷰를 할 때면 그의 구수한 광주 사투리가 섞여 나오는 것을 들을 수 있다. 그는 종종 "광주 사투리 안 고치고 싶다"라고 해왔다.

이유를 묻자 "고칠 수는 있다. 그런데 굳이 내가 그걸 고쳐야 될 필요

야구
선수
**김
원중**

성을 못 느끼는 것"이라고 했다. 그러면서 "내가 부산 사투리를 쓰면 나만의 유니크함이 떨어질뿐더러 내 정체성이 없어진다. 광주 사람이 부산 말을 쓰면 좀 이상하지 않나. 그래서 아예 안 바꾸려고 했다"고 설명했다. 그의 말도 일리가 있다. 부산에 10년 가까이 살면서 광주 사투리를 쓰는 롯데 선수라는 점은 그가 말한대로 '유니크'한 특징이다.

광주에서 태어나 부산에서 어른이 되다
제2의 고향 부산, 바다가 있어 좋다

사실 광주에서는 초등학교 때부터 야구하느라 바빴다. 성인이 되어 가족으로부터 독립하여 본격적으로 홀로 살기 시작한 곳은 부산이다. 광주가 태어난 곳이라면 부산은 제2의 고향인 셈이다.

당연히 마음이 좀 더 편한 쪽은 나고 자랐으며 가족과 친척, 친구들이 있는 광주이긴 하다. 김원중은 광주에 대해 "정체성이나 뚜렷한 자아가 생기기 전부터 많이 돌아다니고 시간을 보냈던 곳"이라고 했다.

그런데 언젠가부터는 부산이 더 편해졌다. 김원중은 프로야구 선수가 되어 롯데에서 사회생활을 시작했다. 비시즌마다 광주에 가긴 하지만 1년 중 거의 8개월 동안 정규시즌을 치르면서 부산에 보내는 시간이 대부분이다. 그래서 이제는 부산의 맛집 등 유명한 곳은 훤히 다 꿰고 있다. 그는 "이제 살기에는 생활 자체는 부산이 확실히 좀 더 편한 느낌"이라고 했다.

부산은 대표적인 항구 도시로 바다를 언제든지 볼 수 있다는 장점이 있다. 바다가 있다는 건 부산의 여러 가지 매력 중에서도 가장 대표적인 특징 중 하나다. 김원중은 처음에는 바다를 그저 바라보는 사람들의 기분을 이해하지 못했다. 김원중은 말 그대로 대문자 'T' 성격이다.

바다를 찾아가서 마음을 달래는 '감성' 자체를 이해하지 못했다. 그전

Chapter 6.
롯데 그리고 부산,
스무 살에서
지금까지

에도 '바다를 뭐하러 보는가' 정도의 생각을 가지고 있었다. 약속이 생겨서 함께 야경을 보러 가거나 바닷가에 있는 식당에 가거나 꼭 가야만 하는 상황이 되면 가끔 들르는 정도였지 바다를 직접 스스로 즐겨 찾는 일은 없었다.

그러다 절친인 구승민과 올스타 브레이크 기간 동안에 광안리 바다를 가본 적이 있었다. 광안리 바다는 항상 사람들로 붐비는 곳이다. 그런데 하루는 새벽에 광안리 해변을 방문할 일이 있었다. 그때 그 고요한 느낌을 아직도 잊지 못한다.

김원중은 "새벽에 가서 조용하게 앉아서 바다를 바라보는데 뭔가 좀 뻥 뚫린 느낌이 있었다. 그래서 이런 느낌 때문에 바다를 보러 간다는 걸 조금은 알게 됐다"고 했다. 이후에는 종종 바다에 가서 멍하니 바라보는 걸 즐기게 됐다. 김원중은 "바다에서 좀 구석진 데로 가서 혼자 앉아 바다를 바라본다. 그 순간의 분위기, 사람들에게 방해받지 않는 분위기가 있어서 거기를 좋아하는 것 같다"고 했다.

광안리든, 해운대든 마음의 평정을 찾고 싶은 날이면 부산의 한 바다를 찾게 됐다. 야구가 마음대로 풀리지 않는 날에는 구승민과 바다를 향해 드라이브도 한다. 그리고 맛있는 걸 먹고 커피 한잔 들고서 해변을 한 바퀴 걸으면 그날 있었던 나쁜 기억들은 모두 파도와 함께 쓸려가곤 했다.

언제나 놀라운 부산 야구팬들의 열정적 응원
롯데 팬, 김원중 팬, 모두 다 소중

책에서 내내 강조했고, 굳이 강조하지 않아도 야구를 좋아하는 사람이라면 다 알고 있는 사실이지만 롯데는 한국프로야구를 대표하는 인기 구단 중 하나다. 2024시즌에는 KBO 리그 역대 최초로 비수도권 팀

Chapter 6.
롯데 그리고 부산,
스무 살에서
지금까지

누적 관중 3,000만 명 돌파라는 대기록을 달성했다. 수도권 팀인 LG에 이어 한국 프로 스포츠 역대 두 번째 기록이기도 했다. 서울과 부산의 인구 차이가 3배라는 것을 감안하면 더욱 놀라운 수치다.

김원중이 롯데 자이언츠라는 팀에 대해 특별히 더 매력을 느낀 것도 특정 스타플레이어 선수 때문이 아니라, 부산 팬들의 열정적인 응원 때문이었다. 김원중은 "대한민국에서 응원하면 롯데가 솔직히 1번 아닌가"라고 자부심을 드러냈다. 경기를 마치고 나서도 롯데 팬들은 자리를 떠나지 않고 노래를 부른다. 야구가 끝났는데도, 여전히 팬들의 응원은 계속된다.

김원중은 "타 팀 선수들에게 '너희도 그러냐'라고 물어보면 아니라고, 그런 팀 없다고 하더라. 아무리 인기 팀이라도 경기 끝나고 밖에 나가서 노래 부르고 그런 일이 없다고 했다. 나는 당연한 일인 줄 알았다. 왜냐하면 나는 롯데 한 팀에서만 뛰지 않았나. 그런 걸 보면서도 '내가 잘했구나, 정말 롯데에 잘 왔구나'라는 생각도 들고 그랬다"고 말했다.

이렇게 팬들의 우레와 같은 함성을 보고 롯데에 대한 매력을 느꼈던 김원중이지만 평소 팬에 대한 에피소드는 미디어에 잘 언급하지 않는다. '어떤 팬이 특별히 기억에 남느냐'라는 질문을 들으면 그 물음에 대한 대답을 얼버무리고 꺼리는 편이다. 특정 팬을 한두 명 언급하는 것 자체가 죄송스러울 만큼 모든 팬들의 열정과 관심을 잘 알고 있기 때문이다.

그런데 김원중의 기억에 특별하게 남아 있는 한 팬이 있다. 기자는 이미 그 팬이 누구인지 알고 있었다. 2024년 10월 어느 날 메일 한 통을 받았다. 종종 팬들로부터 어떤 선수에 대해 취재해달라는 요청이나 제보 메일 같은 것이 오곤 했는데 이번 메일은 그런 것이 아니었다. 특별히 김원중의 미담을 널리 전하고 싶어하는 팬의 메일이었다.

메일을 보낸 팬은 "김원중 선수의 팬을 대하는 진심, 팬인 저와 연락

야구
선수
**김
원중**

하는 와중에도 스타의식 같은 것이 전혀 없는 겸손한 모습들이 널리 다른 팬들에게도 퍼졌으면 하는 마음에서 기자님께 메일 드린다"고 설명했다.

당시 온라인 커뮤니티에서는 김원중이 한 장례식장을 방문한 이야기들이 올라왔다. 김원중이 한 팬의 장례식장을 직접 찾아 조문했고 1시간 동안 자리를 지키고 갔다는 내용이었다. 메일에서도 해당 내용이 있었다.

제보를 한 팬은 "본인을 아껴주셨던 어머니 팬께 마지막까지 예의를 다해 조문해주시고 진심으로 함께 슬퍼해주시고, 팬과 연락을 주고받으며 감사함을 표하는 겸손한 모습까지. 꼭 많은 분들께, 롯데팬분들께 이런 마음 따뜻한 이야기를 전해드리고 싶어 메일 보낸다"라고 했다. 팬의 바람처럼 이 소식은 각종 야구 커뮤니티에서 미담으로 퍼졌.

평소 김원중이 그런 걸 내색하는 성격이 아니라는 것을 잘 알고 있었기에 당시에는 이에 대해 굳이 직접 묻지 않았다. 하지만 이 책을 집필하고 평소보다 더 길게 장시간 인터뷰를 진행하게 되면서 자세한 이야기를 들을 수 있었다. 김원중에게 직접 그 일에 대해 물어봤다.

모두가 소중하고 감사하지만
특히 기억에 남는 한 어머님 팬

김원중이 떠올린 해당 팬은 2019년, 2020년쯤 처음 알게 됐다고 기억했다. 처음 만나게 날 그 시기를 정확히 기억할 수는 없지만 상황에 대해서는 확실히 기억하고 있었다. 어머니 또래의 연세가 좀 있으신 중장년 팬이었다.

어느 날 홈에서 열린 경기를 마치고 집으로 돌아가던 길이었다. "어머니뻘 되시는 분이 롯데 팬이라고 말씀을 하시길래 나도 감사하다고

Chapter 6.
롯데 그리고 부산,
스무 살에서
지금까지

야구
선수
**김
원중**

인사를 했다. 그런데 그 분은 사실 내가 누군지는 잘 모르고 계셨고 그냥 야구장에서 유니폼을 입은 선수가 나오니까 한번 말을 걸어보셨다고 하더라"고 했다.

그 팬분이 '어떤 선수냐'고 묻자 김원중은 "김원중입니다"라고 답했다. 여느 팬들에게 했던 것처럼 사진을 찍고 인사를 하고 헤어졌다. 김원중은 "그때 안녕히 가세요, 다음에 또 경기장에서 뵙겠습니다, 뭐 그런 통상적인 인사를 하고 헤어졌다"라고 떠올렸다.

그때부터 해당 팬은 김원중의 경기를 유심히 지켜보기 시작했다. 김원중을 보면서 삶에서 원동력을 찾았다고 했다. 김원중이 이런 팬의 마음을 어떻게 알고 있었냐면 김원중을 향한 구구절절한 마음이 편지에 잘 담겨 있었다. 평소 팬의 편지를 다 읽어보는 그는 모든 내용을 기억했다.

김원중도 "나를 좋아하고 응원하는 동력으로 힘든 시기를 보내면서 생겼던 우울증이나, 마음이 힘든 일들을 조금씩 잊어가셨다더라"고 말했다.

그 팬은 김원중이 2군에 있을 때에도 내려가서 응원을 했다. 김원중의 생일인 날은 직접 생일 파티를 해줄 정도로 열렬한 팬이 됐다. 생일 파티라고 해서 거창한 건 아니었다. 젊은 사람들이 하는 것처럼 예쁘고 세련된 건 아니었지만 어머니 또래에서 할 수 있는 최선을 다해 정성스럽게 준비했다.

김원중이 봤을 때에도 '정말 신경을 많이 쓰셨다'라는게 느껴질 정도였다. 생일 파티를 하기 위해서 소품용 빨래줄에 김원중의 사진을 엮어서 만든 소품을 만들어 오셨는데 그걸 하나하나 만들고 있었을 어머니 팬분의 정성어린 마음이 느껴졌다. 김원중도 얼굴을 확실히 익힐 정도로 경기장을 자주 찾아왔다.

그런데 어느 날부터 그 팬분이 야구장에 보이지 않기 시작했다. 팬분을 비롯해서 함께 다니는 팬들이 몇몇 분 더 있었고, 궁금했지만 개인적으로 연락을 하지는 않았기에 따로 연락을 드려서 안부를 알아볼 수가 없었다.

김원중은 "팬들과는 무조건 구두로 이야기만 한다. 아날로그처럼 어떤 팬이 편지나 음식 같은 걸 주고 싶다고 하시면 언제 몇 월 며칠 몇 시에 경기장 밖 어디서 봅시다 뭐 그런 식으로 약속을 정한다. 그럼 내가 그 자리에 가는 것이다"라고 했다. "그런데 어느 날부터 그 팬분은 갑자기 경기장을 오시지 않게 된 것이다"라고 말을 이어나갔다.

여느 때처럼 팬들과 만남을 갖고 있는데 늘 보이던 어머님 팬분이 안 보이자 김원중도 걱정되는 마음에 안부가 궁금해지기 시작했다. 그는 "혹시 그 어머니 무슨 일이 있으시냐"라고 여쭤봤는데 함께 다니던 팬들이 좀처럼 명확하게 대답하지 않고 꺼렸다.

흔쾌히 대답이 나오지 않는 모습을 보고 김원중은 직감적으로 '몸이 좀 많이 안 좋으시구나'라는 걸 느꼈다. 이후에도 김원중은 종종 '그분은 어떠시냐, 잘 계신 거냐, 병원에 계신 거냐, 댁에 계신 거냐' 등등 안부를 묻곤 했다. 직접 연락을 취할 수 없으니 간접적으로 근황을 전해 들으려고 했다.

광주에서 소식 듣고 부산으로 달려가 마지막 가시는 길 함께하며 가족 위로

알고 보니 그 팬은 자신의 아픈 모습을 김원중에게 보이고 알리고 싶지 않은 마음이 컸다고 한다. 그래서 함께 다니던 팬들도 쉽게 근황을 말할 수가 없었던 것이다. 누구보다 팬으로서의 마음을 잘 아는 이들이기에 그만큼 다른 팬의 마음을 지켜주고 싶은 마음도 끈끈했다.

김원중은 인스타그램을 즐겨하지 않는다. 어쩌다 드물게 피드를 올

야구
선수
**김
원중**

릴 때면 정말 많은 댓글들이 달린다. 그 중에는 응원 메시지도 있고, 간혹 '악플'이 달리기도 한다.

그러던 어느 날 이상하게도 그날은 자신의 인스타그램에 달린 댓글을 전부 보게 됐다. 평소에는 인스타그램을 신경도 쓰지 않았는데 그날만큼은 댓글 하나가 마음을 움직였다. 해당 댓글에는 '죄송한데, 이런 일이 있으니 연락 한번만 부탁드린다'는 내용이 있었다.

이름을 보니 김원중이 잘 아는 팬이었다. 평소에 그런 부탁이나 요청을 하는 팬이 전혀 아니었다. 그런데 그런 팬이 심지어 연락을 달라는 요청을 댓글까지 남기면서 메시지를 전한 것을 보고 심상치 않은 일이라고 느꼈다.

뭔가 싶어 인스타그램 DM을 확인해봤더니 아프셨다던 어머님 팬의 부고장이 날아와 있었다. 김원중은 그 팬의 부고장이라는 것을 바로 알아볼 수 있었다. 왜냐하면 어머님 팬에게는 딸이 두 명이 있었는데 그들의 이름도 기억하고 있었기 때문이다. 팬분이 김원중에게 사인을 받을 때는 항상 딸의 이름도 옆에 같이 써 달라고 했기 때문이었다. 하루는 첫째 딸, 다른 날은 둘째 딸, 이런 식으로 이름을 써 달라고 해서 이름이 기억에 남았다.

소식을 들은 김원중은 마음이 좋지 않았다. 마음이 참 많이 아프고 슬펐다. 그리고 자신이 받은 사랑을 어떻게 돌려드릴 수 있을까 하는 생각을 했다. 장례식장을 찾는 것이 도리이지 않을까 결심이 섰다. 그러면서 부고장을 다시 한번 정확히 읽어봤는데 운명처럼 김원중이 부고장을 확인한 날짜가 발인 전이었다. 인스타그램 DM을 잘 확인하지 않기에 평소였다면 날짜가 지났을 수도 있었다.

그래서 장례식장을 직접 찾아가서 조문할 수 있었다. 당시 광주에 머물고 있던 김원중은 부산에 있는 장례식장까지 직접 운전해서 달려갔다. 도착하기 전에는 미리 근조화환도 보냈다. 장례식장에 도착해서는

Chapter 6.
롯데 그리고 부산,
스무 살에서
지금까지

슬퍼하는 딸들과 함께 생전 고인에 대한 이야기를 나누기도 했다. 한 시간 정도 빈소를 지키고 돌아갔다. 다녀와서도 부고 소식을 알려준 팬에게 '고맙다'는 인사를 전했다.

그때 장례식장에 있던 한 팬에게 사진이 찍혔는데, 사진과 함께 사연이 알려지면서 팬들에게 또 감동을 줬다. 김원중이 자신의 친척이나 지인이 아닌 한 팬의 장례식장에 직접 찾아간 사실이 알려지면서 많은 팬들이 이에 대해 긍정적인 반응을 보였다.

김원중은 "내가 그런 데 가는 걸 알리고 싶지 않았다. 알려지는 것을 원치 않아서 그냥 조용히 혼자 다녀오려고 했다. 그런데 어떤 팬분이 사진을 찍으시는 것 같았는데, 찍지 마시라고 할 수도 없어서"라고 상황을 설명했다. 덤덤하게 말했지만 김원중이 자신을 응원해준 팬을 어떻게 생각하는지 그 마음을 잘 알 수 있는 대목이었다.

선수와 팬 모두 서로가 소중하기에
선을 넘지 않는 존중과 예의 필요

김원중은 프로선수로서 웬만하면 팬 서비스를 다 잘 해드리려고 한다. 상대방이 선을 넘지 않으면 사인이든, 사진이든 다 해드리려고 한다는 게 그의 '팬 서비스' 기조다. 그런데 간혹 가다가 선을 넘는 팬들이 있다. 정말 좋아한다면, 진정 팬이라면, 선수에 대한 존중도 분명히 필요한데 말이다.

김원중은 "누구든 그렇지만, 내가 남이 나를 만지는 걸 별로 안 좋아한다. 그런데 갑자기 와서 무례하게 몸을 만지든가, 방으로 되어 있는 식당에서 지인들과 밥을 먹고 있는데 갑자기 문을 열고 들어와서 사진을 요청할 때는 불편한 부분을 말씀드리는 편이다. 그런 사례를 제외하고는 웬만하면 진짜 최대한 해드리려고 하는 편이다"라고 구체적으로

야구
선수
**김
원중**

206

Chapter 6.
롯데 그리고 부산,
스무 살에서
지금까지

말했다.

사직구장에서 롯데의 경기가 끝나면 야구장 정문에는 이른바 '레드 카펫'이 펼쳐진다. 야구장 정문에서 선수단 주차장까지 이어지는 이 길을 선수들이 지나가면 팬들이 사인이나 사진을 요청한다. 사고를 방지하기 위해서 구단 경호원들이 배치되어 있고, 가드레일도 쳐져 있다. 정해진 선 안에서 요청을 해오면 김원중은 기준 범위 안에서 팬 서비스에 응한다. 그런데 먼저 사인을 받고 싶어서 앞사람을 밀치거나 새치기를 하면서 선을 넘으려고 하는 팬들이 있고 이 가운데 물리적인 충돌이 발생하는 경우도 있다.

김원중은 그런 일이 생기면 일단 팬들의 안전부터 챙긴다. 그는 "앞에 아기들도 있고, 여성분들이나 노약자분들도 있는데 뒤에서 힘으로 밀면 질서가 무너진다. 그래서 질서가 안 잡히면 '뒤로 가세요'라고 이야기를 한다. 그런 부분이 잘 잡히면 않으면 해드릴 수가 없다"고 했다. 혹시나 누군가 넘어지거나 해서 사고가 일어날까 하는 김원중의 걱정 어린 마음에서 나온 행동이다.

김원중은 하루에도 몇 번씩, SNS를 통해서나 직접 써서 전달해주는 편지를 통해서나 여러 경로로 팬들의 마음을 접한다. 일일이 답장을 할 수는 없지만 어떤 내용이 오는지는 잘 보고 있다. 메시지 속에는 주로 이런 내용이 담겨 있다. '김원중 선수 덕분에 하루가 행복하다', 혹은 '경기를 보면서 힘을 얻는다'라는 내용이 많다.

경기를 마치고 팬과 선수가 직접적으로 대면하는 시간은 사실 1분도 채 되지 않는다. 이 짧은 시간 동안의 만남으로 누군가에게 하루의 행복을 좌우하는 존재가 된다는 것은 영광스러운 동시에 부담스러운 일이기도 하다. 김원중 역시 책임감이 더 커진다.

동시에 김원중에게 팬은 자신의 존재 이유다. 김원중은 팬들과의 관계를 '동고동락'하는 사이라고 표현했다. 그러면서 "나나 다른 선수들

야구 선수 김원중

이나 야구를 하는 데 있어서 팬들이 있으니까 우리가 더 신나게 야구를 할 수 있는 것 아닌가. 프로야구 선수들은 모두 팬과 함께 하는 과정을 걷고 있는 것이라고 생각한다"라고 했다.

그래서 김원중은 팬 서비스를 더 성심성의껏 하려고 한다. 최대한 바른 행동, 바람직한 언행을 하려고 노력하는 것도 일종의 팬 서비스다. 그는 "나 또한 팬들에게 잘 하는 게 프로 선수로서 도리인 것이고 팬분들도 나를 응원해주시되 예의를 지켜주시는 것이 상호간의 도리이지 않을까"라고 했다.

김원중이 이런 가치관을 가지게 된 건 이미 조기 교육이 있었기 때문이다. 김원중은 "어렸을 때부터 세뇌에 가까운 교육을 받았다"고 했다. 김원중은 어릴 적부터 눈에 띄는 아이였다. 웬만하면 사람들이 자신을 다 알아볼 정도였다. 키도 훤칠했고, 롯데에 고졸 신인으로 입단할 때 '롯데의 다르빗슈'라는 별명이 붙을 정도로 외모도 눈에 띄었다. 남들보다 더 튀는 외모를 가진만큼 어릴 때부터 행동을 조심하려고 애썼다.

중학교 시절 체육부장 선생님의 가르침도 도움이 됐다. 김원중의 얘기를 들어보면 참 특이한 분이셨던 것 같다. 항상 복싱 자세를 취하면서 '우리는 공인입니다'라고 말하게 하셨다는 것이다. 그러면서 '운동하는 친구들은 더더욱 절대 사고 치면 안 된다'라고 귀에 못이 박히도록 학생들에게 가르쳤다.

그 체육부장 선생님은 김원중뿐만 아니라 모든 야구부, 운동부 학생들에게 그렇게 가르쳤다. 같은 중학교를 졸업한 삼성 이성규에게도 이에 대해 물어봤더니 바로 그 선생님을 기억하며 "우리는 공인입니다"라는 문구까지 정확하게 확실히 떠올렸다. 중학교 시절 이미 '공인'으로서의 자세가 장착된 것이었다. 김원중은 "그때부터 그랬던 것 같다"고 돌이켜봤다.

프로 입단 후에도 교육이 계속됐다. 입단 후에는 선배들은 물론 구단에서도 이른바 '단도리'를 제대로 받았다. 프로선수는 많은 사람들의 시선을 한 몸에 받는 사람들이다. 과거 롯데에서도 사건사고를 일으킨 선수들이 꽤 많이 나왔다. 구설수에 오르기라도 하면 선수 생명에 적지 않은 지장을 준다.

특히 정규 시즌 도중에 큰 사건이라도 나면 팀 전체가 휘청거릴 정도의 불상사가 일어나기도 한다. 이를 잘 알기에 구단은 신인 오리엔테이션부터 시시때때로 다양한 교육을 통해 선수들을 지도하며 프로페셔널 마인드를 이식한다. 어려서부터 항상 비슷한 말을 들어왔던 김원중에게는 전혀 생소한 말이 아니었다.

김원중은 "너희는 공인에 준하는 영향력을 갖고 있으니 꼭 행동을 조심하라는 걸 어릴 적부터 들었다. 중학교, 고등학교에서도 들어왔던 걸 프로에 와서도 들으니 그냥 습관이 됐다"고 돌이켜봤다. 팬에게 실망감을 안기지 않는 것도 공인으로서 해야 할 역할 중 하나다. 김원중은 그 역할을 충실히 하고 있다.

김원중이 고마웠던 부산 롯데 팬들
부산 롯데 팬들이 고마웠던 김원중

원래부터 팬에 대한 중요성을 느껴왔던 김원중은 고마움이 더 커지게 된 특별한 계기를 맞이한 일이 있었다. 팬의 존재, 그 비중을 더 크게 느끼게 된 건 FA 계약을 하고나서부터다. 김원중은 2024시즌을 마치고 FA 자격을 취득했고, 본격적으로 기존 소속팀 외에 타 구단과도 협상을 할 수 있는 기간을 맞이했다.

KBO 리그 전체에 불펜 투수가 귀했고, 그를 노릴 수 있는 팀들이 여럿 있었다. 하지만 김원중은 빠른 시일 내에 결론을 내렸다. 롯데에 남기로 한 것이다. 이미 시즌 중 "나는 계속 여기 있겠구나"라는 생각이

야구
선수
**김
원중**

들면서 마음이 편안해질 정도였다. 어차피 답은 정해져 있었다. 김원중은 이전에도 FA 계약에 있어서는 '낭만'이 있어야 한다고 말해왔다. 한 마디로 돈의 액수만 보고 결정하지 않겠다는 의지였다.

롯데에 남는 것이 그가 생각한 낭만과도 가장 잘 맞아떨어졌다. 롯데도 그를 향한 진심을 보였다. 김태형 롯데 감독은 부임할 때부터 김원중이 필요하다고 했고 구단 관계자들은 협상 과정에서 "원중아, 어딜 가려고 하느냐"라며 설득했다. 그래서 김원중은 에이전트에도 "롯데와 협상을 해 달라"고 주문했다.

에이전트 입장에서는 다른 팀과 조율을 해보면 그 과정 속에서 몸값을 더 높일 수도 있었다. 실제로 김원중을 원하는 팀들이 더 있었기 때문이다. 하지만 김원중의 마음은 대쪽 같았다. 에이전트가 "소문은 익히 들어 알고 있었는데, 너 참 대단하다"라고 말할 정도였다. 그리고 김원중은 바로 롯데 잔류에 도장을 찍었다. 길었던 머리카락을 싹둑 자르면서 새로운 초심을 찾았다.

FA 계약하기까지의 이야기가 공개되면서 김원중의 롯데를 향한 사랑도 더 널리 알려졌다. 그는 '낭만 마무리'라는 수식어를 얻었다. 김태형 감독은 "고맙다"라고 했고, 김원중도 "잘 모시겠습니다"라고 각오를 다지며 인사를 전했다.

그리고 이후 한동안 수많은 팬들에게 "고맙다"라는 말을 들었다. 길을 걸어가다가 팬들을 만날 때마다 "남아줘서 감사하다. 앞으로 더 잘 해주셔서 롯데에서 좀 더 오래 야구를 해달라"라는 말을 들었다.

하루는 밥을 먹으러 갔는데, 무려 세 팀이나 되는 서로 다른 팬들이 각자 김원중의 식사를 계산하겠다고 다투는 지경에까지 이르렀다. 치킨을 포장하러 갔을 때에도 사장님이 김원중의 얼굴을 보고 "돈을 안 받겠다"라며 그를 돌려보냈다. 김원중은 사장님에게 보답하기 위해 편의점에서 음료수와 이것저것을 싸들고 다시 가게로 갔다.

Chapter 6.
롯데 그리고 부산,
스무 살에서
지금까지

이런 과정들을 겪으면서 다시 한번 롯데 선수라는 것 자체가 그 무엇보다 중요한 '로열티'라는 가치임을 깨달았다. 김원중은 "나뿐만 아니라 우리 팀에 오래 있었던 선배들이나 동료들을 보면 아마 다 비슷하게 느낄 것"이라고 했다.

롯데 입단 후 함께 호흡한 8명의 감독
잦은 감독 교체 아쉽지만 다양하게 많이 배웠다

이렇게 롯데에 대한 애정을 쌓아오는 동안 김원중은 참 많은 감독들의 지도를 받아왔다. 김원중이 프로 입단한 이후 무려 8명의 감독과 마주했다. 웃을 수도 울 수도 없는 정말 말 그대로 '웃픈' 사연이지만 롯데가 유독 감독을 자주 교체한 탓이기도 하다.

김원중은 각각의 감독들에 대한 좋은 추억들이 있다. 데뷔하자마자 처음으로 함께 했던 감독은 양승호 롯데 감독이다. 2012시즌 양승호 전 롯데 감독은 김원중이 프로에 데뷔하자마자 바로 쓸 생각이 있었다. 당시 롯데는 정대현을 필두로 한 필승조를 구축하면서 높은 마운드를 자랑했다. 양 감독은 김원중을 보자마자 즉시 전력감으로 분류했다.

김원중은 "처음에 양 감독님이 나를 바로 쓰겠다고 하시면서 '준비를 잘 하고 있으라'고 했다. 그런데 내가 신인 때 몸이 아파서 1군에 올라오지 못했다. 그래서 감독님의 기대에 부응하지 못한 아쉬운 기억이 있다"라고 떠올렸다. 다시 생각해보면 죄송한 마음이 들 뿐이다. 2013시즌부터는 김시진 감독이 지휘봉을 잡았다. 하지만 이 시기에는 김원중이 군 복무 중이었던 상태라 함께 할 수는 없었다.

병역을 마치고 롯데에 돌아왔더니 이종운 감독으로 바뀌어 있었다. 이종운 감독과는 고등학교 시절부터 인연이 있었다. 당시 롯데는 프로에서 감독 경력이 없었던 이종운 감독을 지도자로 앉히는 파격적인 선택을 했다. 롯데 감독으로 부임되기 직전에 이종운 감독은 경남고를 지휘하고 있었다. 그게 오히려 김원중에게는 득이 됐다. 고등학교 시절 김원중이 어떤 선수인지 이 감독은 더 잘 알았다.

김원중은 "경남고 감독을 하셨던 이종운 감독님이 나에 대한 좋은 기억이 있어서 나를 잘 써주셨지 않았나 생각을 한다. 덕분에 경기를 뛰게 됐고 1군에서 데뷔도 하게 됐다"고 말했다. 하지만 이종운 감독이 다시 1년 만에 팀을 떠났고 조원우 감독이 2016시즌부터 부임했다. 당시 김원형 전 SSG 감독이 투수 코치였는데 조원우 감독과 함께 김원중의 기용의 폭을 더 넓혔다. 2017시즌 김원중이 처음으로 포스트시즌을 경험할 수 있게 해준 지도자이기도 하다.

조원우 감독은 2018시즌을 마치고 롯데를 떠났다가 시간이 흘러 2025시즌부터는 조원우 감독이 수석코치로 합류하게 되면서 다시 같은 유니폼을 입고 함께 하게 됐다. 김원중은 "조 감독님은 나를 그때 풀타임으로 써주셨다"라고 했다. 다시 마주한 조 코치를 떠올리며 "그때 준플레이오프 경기에서 나를 선발로 쓰시지 그랬냐고 말씀드려야겠다"며 웃었다.

다음으로 롯데 감독을 맡은 양상문 감독은 심리적으로 많은 부분에서 기반을 다지게 도와준 지도자였다. 김원중의 표현에 따르면 '도를 닦게 해주신 분'이다. 김원중이 마운드에서 얼굴이 벌겋게 상기되는 등의 모습을 보면서 감정 조절을 하는 방법을 가르쳐줬고 명상, 산책 등 실질적으로 도움될 만한 것들을 알려준 감독이다. 김원중은 "야구장에서 조금 떨어져서 먼 거리에서 야구를 다시 보게끔 해주셨다. 야구의 소중함, 그리고 야구를 어떻게 해야 한다는 걸 조금씩 알아갈 수 있게 길을 터주셨다"고 했다.

2020시즌부터 롯데 감독을 맡은 허문회 롯데 감독은 김원중이 본격적으로 마무리투수로서 성장하게끔 힘을 실어줬다. 손승락이 떠난 마

Chapter 6.
롯데 그리고 부산,
스무 살에서
지금까지

야구
선수
**김
원중**

무리 자리를 김원중을 믿고 과감히 기용했다. 김원중은 "일단 마무리투수를 시켜주셨다. 믿고 내보내주셨고, 자신감을 많이 심어주셨던 것 같다"며 "그때 선수단 전원을, 선수 자체를 모두 다 정말 아껴주셨다. 솔직히 허문회 감독님 덕분에 야구에서 새롭게 깨어날 수 있었다"고 했다.

래리 서튼 감독도 김원중이 마무리투수로서의 보직을 이어갈 수 있게 한 지도자였다. 서튼 감독이 지도하는 동안 김원중은 리그를 대표하는 정상급 마무리투수로 성장했다. 그리고 2024시즌부터는 김태형 감독과 함께하고 있다. 김원중은 "결정적으로 김태형 감독님이 오시고 FA 계약을 하지 않았나. 안 좋을 때에도 계속 마운드에 올려 주신 덕분"이라고 말했다.

그리고 함께한 감독, 투수코치 중에서 특별히 콕 집어 두 가지 구체적인 에피소드를 들려준 것이 있었다. 어떤 지도자와의 일화였는지 이름을 언급하지는 않았지만, 자신에게 정말 큰 도움이 되었던 조언이었기에 그때 한 코칭스태프와 주고받았던 대화가 여전히 뇌리에 선명하게 남아 있다.

김원중은 마무리투수로서 팀이 자신에게 기대하는 바를 잘 안다. "팀에서 제일 강한 투수"이기 때문에 가장 중요한 마지막 순간에 나가는 것이라고 생각한다. 하루는 위기 상황이 닥쳤는데 마운드로 올라온 코치에게서 "네가 제일 자신 있는 게 뭐야?"라는 질문을 받았다. 김원중은 "직구와 포크볼입니다"라고 답했다.

그랬더니 이런 물음이 돌아왔다. "근데 그거 던져서 맞으면 어떻게 할까? 제일 잘하는 걸 던져서 실패했는데 그러면 어떻게 해야 할까?"라는 질문이었다. 그리고 그에 대한 답도 바로 이어졌다. "어쩔 수 없다. 받아들여야 한다. 그게 순리다." 김원중이 아직도 마음 속에 기억하고 있는 말이다. 김원중은 "타자들도 나와 상대해서 결과를 내야 먹고 살 것 아닌가. 그런 사실을 이야기해준 것"이라고 말했다. 이 말은 김원중의 부담을 조금은 덜게 해줬다.

그리고 또 다른 일화. 마운드에 올라온 코치에게서 "지금 몇 %로 던졌느냐"라는 물음을 들었다. 김원중은 "100%로 던졌습니다"라고 답했다. 그러자 코치는 "그래, 그럼 지금부터는 120~150%로 던지고 내려와라"는 답이 왔다. 그리고 김원중은 120%의 힘으로 막아냈다. 지금 돌이켜보면 그런 말이 '생각을 단순하게 하는 작업'이었다.

김원중은 "마운드에서 머릿속에 이런저런 생각들이 들어오지 않나. '맞으면 어떡하지, 내가 맞으면 지는데' 등의 부정적인 생각들이 생긴다. 굳이 안 해도 될 생각들인데 마운드에서 왜 굳이 그런 생각을 하고 있냐는 말이다"라고 말했다.

그렇게 타자들을 잘 막은 뒤 더그아웃으로 내려왔더니 "몇 %로 던졌느냐"라는 물음이 다시 왔다. 김원중이 "한 120%로 던진 것 같다"라고 했더니 "그래, 그러니까 막았잖아"라는 흐뭇한 답이 간단명료하게 돌아왔다.

수많은 스타들이 빛낸 롯데 자이언츠 역사 최강 클로저, 리빙 레전드로 끝까지 간다

김원중은 롯데 역사를 통틀어서 가장 많은 세이브를 올린 마무리투수다. 또한 가장 오랜 기간 동안 클로저로서 장기 집권하고 있는 선수다. 김원중 이전에도 롯데 역사에 남은 마무리투수들이 있었다. 김원중이 마무리를 맡기 전에 자리를 지키고 있다 넘겨준 손승락은 2016시즌부터 롯데의 뒷문을 지켰다. 손승락이 2019시즌까지 4시즌 동안 올린 세이브 개수는 94개였다. 시즌 최다 기록은 2017년의 37세이브였다.

1990년대에는 강상수가 있었다. 1994년부터 1군에서 경기를 뛴 강상수는 1996년 데뷔 처음으로 세이브를 올린 뒤 1999년부터 2001년

야구
선수
**김
원중**

까지 3시즌 연속 두 자릿수 세이브를 올리기도 했다. 롯데 마무리 계보에 김사율도 빼놓을 수 없다. 김사율은 2010년 5세이브를 시작으로 2011년에는 20세이브, 2012년에는 34세이브를 올렸다. 2011년에는 리그 2위, 2012년에는 리그 3위 등을 기록했다.

또한 롯데의 전설적인 투수 박동희는 구단 역사상 최초로 한 시즌 30세이브를 올렸다. 1994년 31개의 세이브를 기록했다. '꿀성배'라고 불렸던 김성배도 있고, '임작가'라는 마무리투수로서 썩 좋지만은 않은 별명을 가진 임경완도 있었다. 이런 쟁쟁한 선배들의 뒤를 이은 김원중은 매번 새로운 역사를 써나가고 있다. 이 중에서 장발을 휘날리면서 독보적인 아우라를 뿜으며 마무리를 맡은 건 김원중이 처음일 것이다. 김원중 같은 선수는 김원중 이전에도 없었고, 이후에도 없을 것이다.

장발로 머리카락을 기른 건 아니지만 롯데 역사 속에는 독특한 캐릭터를 가진 강렬한 선수들이 많았다. 이런 선수들이 롯데의 팀 컬러를 만들어내기도 했다. 가장 강렬한 선수는 단연 불세출의 슈퍼스타, '무쇠팔' 최동원이 아닐까. 롯데의 첫 우승인 1984년 한국시리즈에서 홀로 4승을 거둬 팀을 우승시켰다. 당시 한국시리즈에서 "마, 함 해보입시다"라며 연신 마운드에 올라 공을 던졌다. 트레이드 마크는 금테 안경이다.

롯데의 유일한 신인왕의 주인공인 염종석도 있다. 1992년부터 팀을 한국시리즈 우승을 이끌어냈다. 최동원의 대를 이어 오랜만에 나타난 '안경 에이스'이기도 했다. 2005년 포스트시즌에 진출하지 못한 팀 소속 선수로는 KBO 리그 사상 최초로 MVP를 수상한 '전국구 에이스' 손민한도 있었다.

타자 중에서는 1992년 우승의 주역인 '자갈치' 김민호와 '호랑나비' 김응국이 있다. '탱크' 혹은 '악바리'라는 별명처럼 근성 있는 플레이를 선보인 박정태도 있다. 전무후무한 '타격 7관왕'을 달성한 '빅보이' 이대

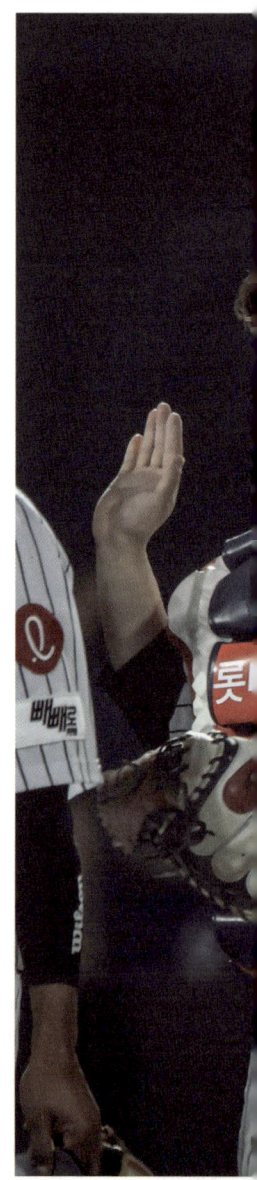

Chapter 6.
롯데 그리고 부산,
스무 살에서
지금까지

야구
선수
**김
원중**

호도 빼놓을 수 없다. 그는 롯데를 넘어 한국을 대표하는 선수였다. 외국인 타자들도 캐릭터가 강했다. 펠릭스 호세, 카림 가르시아 등의 선수는 롯데는 물론 리그를 들썩이게 했던 선수로 부산 팬들이 여전히 잊지 못하는 선수들이다.

   이렇게 강한 캐릭터를 가지고 있는 롯데 선수들의 계보를 오늘날의 김원중도 잇고 있다. 실력과 성적뿐만 아니라 개성적인 캐릭터와 독보적인 스타일도 손에 꼽을 만한 선수다. 김원중은 그렇게 프로 커리어의 모든 길을 롯데와 함께 걸으며 팀 역사에 이름을 남겨왔다.

   마지막으로 김원중에게 롯데란 어떤 존재인지를 물어봤다. 김원중은 한마디로 "애증의 관계"라고 답했다. 팀을 아끼고 좋아하고 소중히 생각하지만, 무작정 맹목적으로 사랑하는 것이 아니라, 투닥거릴 정도로 미운 정, 고운 정이 다 들었기 때문이다.

   정이 가장 무섭다고 할 정도로 김원중의 인생에서 롯데는 떼려야 뗄 수 없는 끈끈한 사이가 됐다. 김원중은 "끝까지 함께 할 동반자라는 느낌이 크다"고 했다. 이런 그의 진심을 잘 알기에 롯데 팬들은, 부산 팬들은 그에게 열광하는 것이다.

   우리가 잘 알고 있듯이 김원중의 FA 계약 기간은 2028년까지 이어진다. 스포츠의 세계, 특히 야구판에서는 어떠한 일이든 벌어질 수 있기에 이후의 미래는 그 누구도 장담할 수 없다. 하지만 김원중과 롯데 자이언츠가 함께 걸어온 길에는 분명 특별한 낭만이 있었다. 그리고 둘이 함께 걸어왔고, 앞으로도 함께 할 발자취에서 나오는 향기는 팬들의 마음 속에 오래오래 기억될 것이다. '영원'이란 건 없지만 김원중과 롯데의 관계에서는 더 오랜 기간의 동행을 바라게 되고 응원하게 되는 이유다.

야구
선수
김
원중

롯데 자이언츠 역대 세이브 순위

1위 김원중 161세이브
*2025년 8월 5일 현재 기준

2위 손승락 94세이브

3위 강상수 75세이브

4위 김사율 64세이브

5위 박동희 58세이브

6위 노장진 40세이브

7위 김성배 38세이브

8위 임경완 33세이브

9위 존 애킨스 26세이브

10위 최동원 25세이브

야구선수 김원중

초판 1쇄 펴낸 날 | 2025년 8월 22일

지은이 | 김원중, 김하진
펴낸이 | 홍정우
펴낸곳 | 브레인스토어

책임편집 | 김다니엘
편집진행 | 정채현, 박혜림
디자인 | 이예슬
마케팅 | 방경희
사진 | 롯데 자이언츠, 김창현, 김진환, 김하진, 연합뉴스

주소 | (03908) 서울시 마포구 월드컵북로 375, DMC이안상암1단지 2303호
전화 | (02)3275-2915~7
팩스 | (02)3275-2918
이메일 | brainstore@publishing.by-works.com
블로그 | http://blog.naver.com/brain_store
인스타그램 | https://instagram.com/brainstore_publishing

등록 | 2007년 11월 30일(제313-2007-000238호)

ⓒ 브레인스토어, 김원중, 김하진, 2025
ISBN 979-11-6978-059-9 (03810)

* 이 책은 저작권법에 따라 보호받는 저작물이므로 무단전재와 무단복제를 금하며, 이 책 내용의 전부 또는 일부를 이용하려면 반드시 저작권자와 브레인스토어의 서면 동의를 받아야 합니다.